Doreen Virtue & Jenny Ross

ROHKOST

Himmlische Vital-Rezepte für Gourmets

Für meine Eltern Joan und Bill Hannan, die ein lebendiges Beispiel für die Wohltaten gesunden Essens sind. Danke, dass es im Haus meiner Kindheit kein Junkfood und keine Fertig-Limonaden gab!

— *Doreen*

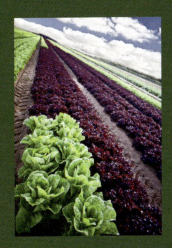

Für meinen Sohn Dylan: Dieses Buch ist für dich. Möge es dir helfen, deinen Körper und deine Seele zu nähren. Für meine Eltern Tamara und Charles Ross, die meine Kreativität nährten und mir schon früh im Leben beibrachten, dass alles möglich ist. Für meinen Ehemann Billy Enriquez, der mich von Anfang an beim Erkunden roher, lebendiger Nahrung unterstützt hat. Für Doreen mit Dank für ihre Vision, ihre intuitive Führung und ihre Klarheit bei diesem wichtigen Werk. Für meine Geschäftspartner Kit und Shannon Chan und Mason Lazar, die seit der ersten Idee an die Vision von »118 Grad« geglaubt haben, und für das ganze 118er-Team und all die treuen Kunden, die diese Vision Wirklichkeit werden ließen: Wir können die Welt wirklich verändern – einen Happen nach dem anderen!

— *Jenny*

Inhalt & Index

Einführung XI

1. Kapitel: Getränke und Smoothies.... 1

- Ananas-Powersaft...................... 8
- Apfel-Twist-Saft 10
- Apfel-Zitrone-Ingwer-Saft 14
- Avocado-Whip-Smoothie 18
- Balance-Smoothie 22
- Erdbeer-Kiwi-Saft 4
- Exzellenter Schokoladen-Smoothie 23
- Feiner Feigen-Smoothie 19
- Granatapfel-Smoothie 21
- Grüner Saft 13
- Magischer Rote-Beete-Saft 8
- Mandelmilch 17
- Merry Monkey Smoothie 18
- Paranuss-Milch 17
- Regenbogenlicht-Saft 7
- Reinigender Cocktail 4
- Sanfter Pfirsich-Smoothie 19
- Supergrüner Smoothie 20
- Süßer Erdbeer-Smoothie 20
- Tanz-auf-dem-Regenbogen-Smoothie 22
- Tropical-Twist-Saft 13
- Verrückt-nach-Grünkohl-Saft 14
- Würziger Tomatensaft 10
- Yogisaft 7
- Zen-Energie-Smoothie 23

2. Kapitel: Leckere Salate......... 25

- Basilikum-Käse 36
- Cäsar-Salat 34
- Grüner Prachtsalat 37
- Knusprige Tomaten 41
- Pepitas — Würzige Kürbiskerne 33
- Shiitake-Salat 38
- Sommerlicher Beerensalat 28
- Süßer Pesto-Salat 40
- Taco-Salat 32
- Tahini-Frischkäse-Feigen 31
- Zimt-Feigen 30
- Zimt-Feigen-Salat 30

3. Kapitel: Mariniertes Gemüse...... 43

- Barbecue-Gemüse 46
- Curry-Gemüse 47
- Italienisches Gemüse 46
- Latino-Gemüse 44
- Süßes Gemüse 47
- Würziger spanischer Sommerkürbis 47

4. Kapitel: Snacks und Vorspeisen.... 49

- Auberginen-Carpaccio 50
- Butternusskürbis-Suppe 74

- Curry-Cones. 65
- Empanadas. 66
- Gefüllte Pilze. 58
- Gefüllte Tomaten 69
- Khaki-Früchte mit pikantem Frischkäse. 68
- New Mexico Nachos 70
- Numi-Rollen 57
- Pesto-Rollen 64
- Quinoa-Küchlein. 67
- Shiitake-Miso-Suppe 73
- Shiitake-Sushi-Rollen. 60
- Thailändische Frühlingsrollen 63
- Tortilla-Suppe 76
- Zucchini-Spargel-Carpaccio mit Basilikum-Käse 52

5. Kapitel: Aufstriche, Saucen, Brote,
Wraps und Cracker 79

- Avocado-Limonen-Sauce. 91
- Cäsar-Dressing 90
- Chipotle-Frischkäse 83
- Guacamole 101
- Kokosnuss-Wraps 94
- Leichte Knoblauchcreme 90
- Macadamia-Spinat-Ricotta. 84
- Mais-Chips 99
- Mandelbrot 93
- Mandel-Frischkäse 82
- Miso-Dressing 87
- Oliven-Kamut-Brot 92
- Pistazien-Pesto 86
- Püree aus rotem Paprika. 87
- Salsa Rojo 100
- Sauerrahm aus Pinienkernen 86
- Sizilianische Leinsamen-Cracker 99
- Sonnengetrocknete Tomaten 89

- Süß-pikanter Frischkäse. 82
- Tahini-Frischkäse 81
- Tomaten-Marinara 89
- Würzige mexikanische Tortillas 100
- Zucchini-Leinsamen-Wraps 96
- Zwiebel-Mohn-Brot 93

6. Kapitel: Köstliche rohe Hauptgerichte 103

- Asiatische Nudeln 114
- Baja Burrito 120
- Butternuss-Kürbis-Ravioli 128
- Clayudas 123
- Ensenada Enchiladas. 125
- Gartengemüse-Tahini-Rollen 106
- Lasagne vital. 112
- Macadamia-Kokosnuss-Curry-Cones 119
- Mais-Tamales. 111
- New Age Quesadillas 124
- Pesto-Tortellini 127
- Pikante Zwiebel-Panini 131
- Pikanter Knoblauch-Frischkäse 131
- Pilz-Crêpes 117
- Rohe Ramensuppe 118
- Sommerkürbis-Samosas 105
- Süß-pikante Frühstückspizza 130
- Topaz-Pizza. 108
- Zitronen-Pesto-Pasta 129

7. Kapitel: Süße, pikante und gesunde
Desserts 133

- Ananas-Sandwich 161
- Apfel-Pie 164
- Apfel-Zimt-Feigen-Cookies 152

- Bacio Creme-Kuchen 158
- Bananen-Mandel-Pie 166
- Beeren-Pie 162
- Birnen-Pie 162
- Blutorangen-Trüffel 156
- Cappuccino-Creme Brûlée 143
- Chai-Creme 149
- Eiscreme-Grundrezept 136
- Erdbeer-Sauce 135
- Himbeer-Käsekuchen 142
- Italienische Pinienkern-Biscotti ... 154
- Karamell-Sauce 135
- Käseteller mit Datteln 145
- Kürbis-Pie 166
- Mandelmus-Törtchen 138
- Minze-Kakao-Trüffel 156
- Minz-Sauce 134
- Neapolitanisches Parfait 142
- Nussmehl 137
- Nussriegel-Grundrezept 136
- Pecan-Pie-Kuchenboden 161
- Pfirsiche mit Vanille-Sauce 141
- Pistazien-Kekse 152
- Schokolade-Grundrezept 137
- Schokolade-Minz-Eis 149
- Schokoladen-Chip-Cookies 154
- Schokoladen-Ganache-Superfood-Snack 138
- Schokoladenkuchen 159
- Schokoladen-Sauce 134
- Schokolade-Pecannuss-Trüffel 157
- Süßes Brot und Pfefferkäse 146
- Toffee-Riegel 150
- Vanilleeis 149
- Vanille-Sauce 135
- Zimt-Feigen und Käse 144
- Zimt-Feigen-Riegel 150
- Zimt-Sauce 134
- Zitronen-Granatapfel-Riegel 150

Nachwort 169
Literatur und Quellen 170
Über die Autorinnen 172

Einführung

Still und leise geht eine Revolution um die Welt: die Umstellung auf Rohkost. Rohköstler mit ihrer jugendlichen Haut, ihrer strahlenden Gesundheit, ihrem seidigen Haar und ihren klaren Augen inspirieren andere Menschen, ihrer Ernährung immer mehr Rohkost hinzuzufügen. Diese neue Art des Essens ist köstlich, einfach und macht Freude – und leistet einen wesentlichen Beitrag zur Verbesserung der Umwelt.

Die Ernährung mit »lebendigen« Nahrungsmitteln besteht nicht nur aus langweiligen Salaten, sondern aus cremigen und knusprigen Gerichten wie Burritos, Lasagne, Pizza, Sushi und Apfelkuchen – alles klug aus Obst, Gemüse, Nüssen, Samen und Sprossen kreiert. Immer häufiger findet man Rohkost-Restaurants und hört von Stars, welche die Jungbrunnen-Qualitäten dieser Art von Ernährung preisen.

Die Philosophie, die hinter Rohkost-Ernährung steckt, betrifft sowohl ihren Nährwert als auch ihren spirituellen Wert. Frische Produkte enthalten lebendige, gesunde Enzyme, die jedoch absterben, wenn sie über 118° Fahrenheit (48° Celsius) erhitzt werden. Ich, Jenny, bin Eigentümerin und Chefin des Rohkost-Restaurants »118 Grad« in Costa Mesa, Kalifornien. Ich weiß, dass die Enzyme, Vitamine, Mineralien, Ballaststoffe und reinen Energien von Rohkost den Körper heilen und entgiften können. Ich kenne viele Menschen, die krank waren und überzeugt sind, dass sie ihre Gesundheit nur ihrer Rohkost-Ernährung zu verdanken haben.

Die mehrfach verarbeiteten, gekochten Nahrungsmittel der amerikanischen Durchschnitts-Ernährung tragen zu Lethargie, Übergewicht und Krankheiten bei. Indem Menschen ihrer gewohnten Ernährung nur einen gewissen Rohkost-Anteil hinzufügen, nehmen sie ab und fühlen sich besser. Rohkost-Ernährung ist auch ein Beitrag zur Umweltverbesserung, weil sie die biologische Landwirtschaft unterstützt und, da sie rein vegetarisch ist, keine unnötige Grausamkeit in die Welt bringt.

Wer auf Rohkost umstellt, stellt oft fest, dass sich seine intuitiven und medialen Fähigkeiten verbessern, weil die Lebenskraft der Nahrung die natürlichen Gaben der Seele unterstützt. Ich, Doreen, ernähre mich seit 1996 vegan und zu 80 bis 90 Prozent von Rohkost (ein Jahr lang sogar zu 100 Prozent!). Nachdem ich zu dieser Ernährung gewechselt hatte, bemerkte ich eine enorme Zunahme meiner Energie und meiner medialen Fähigkeiten. Als frühere Psychotherapeutin weiß ich, welche Bedeutung eine gesunde Ernährung für die psychische Gesundheit hat.

2004 berichtete Medical News Today, dass Rohkost eine der sieben populärsten Ernährungsweisen der Welt ist. Auf Google.com könnte man sich durch 1,7 Millionen Seiten zu diesem Thema hindurcharbeiten. Weltweit gibt es mindestens 100 Rohkost-Restaurants, doch die meisten Rohköstler bereiten sich ihre Nahrung selbst zu, nach Rezepten, wie wir sie in diesem Buch anbieten.

Rohe, lebendige Nahrung

Manche Menschen meinen, rohe, lebendige Nahrung umfasse auch ungekochten Fisch oder rohes Fleisch, wie etwa in Sushi. Doch wir verstehen darunter vegetarische Mahlzeiten, die sich an die italienische, mexikanische, asiatische und andere traditionelle Küchen anlehnen – nur eben mit Kompositionen aus ungekochtem Gemüse, Früchten, Nüssen, Nussmilch, Sprossen und Kräutern.

Rohe, lebendige Nahrungsmittel lassen sich in weit mehr Variationen als nur in Salaten genießen. Um den Nährwert, also Vitamine, Mineralien und Enzyme, optimal zu erhalten, werden die Nahrungsmittel nie über 48 °C erhitzt.

Diese Art von Ernährung fördert die Gesundheit und die Vitalität. Als Geschöpfe, die zu über 60 bis 70 Prozent aus Wasser bestehen, brauchen wir eine lebendige Nahrung, die uns gesund und lebendig erhält. Rohe, vitale Nahrung bewirkt:

- Verbesserung der Ausdauer
- Erhöhung der Konzentrationsfähigkeit und Klarheit
- Senkung des Cholesterinspiegels
- Besserung bei »lebensbedrohlichen« Krankheiten
- Gesündere Haut und kräftigeres Haarwachstum
- Stärkere Sehfähigkeit

Einführung

- Erholung überanstrengter Organe
- Vorbeugung gegen Osteoporose
- Langlebigkeit
- Stimmungsverbesserung und emotionale Stabilität
- Verstärkung des spirituellen Gewahrseins und intuitiver Fähigkeiten

Je mehr frische, lebendige Nahrung wir jeden Tag zu uns nehmen, desto gesünder werden unser Geist und unser Körper. In der Wissenschaft ist das seit Jahren bekannt. 1930 entdeckten Schweizer Wissenschaftler, dass in unserem Körper unmittelbar nach der Aufnahme von gekochter Nahrung die Anzahl der Leukozyten, also der weißen Blutkörperchen, ansteigt. Nach dem Genuss von Rohkost findet das nicht statt. Es ist nur eine Reaktion auf die ungesunden Wirkungen gekochter Nahrung. Die Anzahl der weißen Blutkörperchen stieg besonders an, wenn veränderte gekochte Nahrungsmittel wie Weißmehl oder weißer Reis verzehrt wurden.

Auch in den Töpfen selbst lauern gesundheitliche Gefahren. Antihaftbeschichtungen erzeugen giftige Dämpfe und Chemikalien, Aluminium löst sich und gelangt in die Nahrung, und auf dem Herd oder in der Mikrowelle erhitztes Plastik setzt schädliche Chemikalien frei. Wenn Sie kochen wollen, sollten Sie unbedingt Kochgeschirr und -besteck aus Edelstahl, Glas oder Holz verwenden.

Die gesunde Wahrheit über rohe, lebendige Nahrung

Unser Körper braucht Vitamine und Mineralien, um gesund zu bleiben, und als beste Quelle für diese Nährstoffe dienen frisches Obst und Gemüse. Hier sind einige der wohltuenden Inhaltsstoffe und Qualitäten von Rohkost aufgelistet:

— **Enzyme:** Ungekochte Nahrungsmittel liefern Enzyme, die als Katalysatoren für die Verdauung, die Aufrechterhaltung des Immunsystems, die Energieproduktion und die Gehirnaktivität fungieren. Die meisten lebenswichtigen Enzyme werden durch Hitze zerstört, und bei allen verändert sich durch Erhitzung die Struktur. Daher mindert Kochen den Nährwert unserer Nahrung! Gekochte Nahrung ist schwerer zu verdauen, setzt die Bauchspeicheldrüse unnötig unter Stress und verweilt länger im Körper. Im Vergleich zu gekochter Nahrung erfordert die Verdauung von Rohkost nur die Hälfte bis zu einem Drittel der Zeit.

— **Öle und Fette:** Die in der Nahrung enthaltenen natürlichen Öle und Fette werden durch den Kochvorgang denaturiert. Durch Hitze verändert sich die Molekularstruktur. Viele Öle und Fette werden dadurch für unseren Körper geradezu giftig.

— **Proteine:** Kochen zerstört mindestens die Hälfte des verfügbaren Proteins in unserer Nahrung. Wir brauchen Proteine, um Muskeln aufzubauen und uns zu regenerieren. Gemüse, Früchte, Nüsse und Hülsenfrüchte enthalten mehr als genug Proteine, um einen gesunden Körper zu ernähren. Bei einer veganen Ernährung meidet man auch alle tierischen Eiweiße, die erwiesenermaßen zu Krebs, Osteoporose und anderen Krankheiten beitragen.

— **Säure-Basen-Gleichgewicht:** Rohkost hilft auch, ein gesundes Gleichgewicht zwischen Säuren und Basen aufrechtzuerhalten, das vielen Studien zufolge wichtig für unsere Gesundheit, Jugendlichkeit und Langlebigkeit ist. Die amerikanische Durchschnitts-Ernährung erzeugt im Körper ein extrem saures Milieu und erhöht damit die Anfälligkeit für Krankheiten und Degenerationserscheinungen. Rohe, unverarbeitete Nahrungsmittel wie viele Obstsorten und Gemüse wirken dagegen im Körper eher basisch.

— **Vitamine und Mineralien:** Durch Kochen werden 50 bis 80 Prozent der in der Nahrung enthaltenen Vitamine und Mineralien und die Hälfte der Antioxidantien und Carotinoide zerstört. Zum Beispiel zerfallen 50 bis 96 Prozent der B-Vitamine, darunter 97 Prozent der Folsäure und 72 Prozent des Biotins, und bis zu 80 Prozent des Vitamins C.

2006 befasste sich eine Studie der Louisiana State University mit der Ernährung von über 10 000 Männern und Frauen. Im Blutserum von Personen, die sich hauptsächlich von rohem Gemüse und Salaten ernährten, wurden deutlich mehr Vitamin C und E sowie Folsäure und Carotinoide festgestellt. Im Rahmen der Studie kam man zu dem Schluss, dass diese Nährstoffe aus der Ernährung durch Salate und Rohkost stammten.

Bei einer anderen, 1995 in Finnland durchgeführten Studie wurde festgestellt, dass Rohköstler sehr viel mehr Vitamin C und E und Betacarotine (Provitamin A) im Blut haben, auch ohne dass sie irgendwelche ergänzenden Mittel einnehmen.

— **Wasser:** Da unser Körper zu 60 bis 70 Prozent aus Wasser besteht, müssen wir ihn gut damit versorgen. Kochen entzieht der Nahrung Wasser.

Die physischen, mentalen und spirituellen Vorzüge von roher, lebendiger Nahrung

Wenn Sie in Ihre tägliche Ernährung mehr Rohkost einbauen, werden Sie schnell merken, dass es sich dabei mehr um eine Lebensweise als um einen Diätplan handelt. Manche Rohköstler werden darüber ein bisschen fanatisch: Sie fühlen sich berufen, der Welt die Augen zu öffnen für die vielen emotionalen und spirituellen Vorzüge des Verzehrs von ungekochter Nahrung. Zu diesen Vorzügen gehören:

— **Optimale alltägliche Gesundheit:** Wenn unser Körper optimal ernährt wird, geht damit ein Gefühl des Friedens, der Gelassenheit und der Harmonie einher. Morgens kommt man besser in Gang, man hat den Tag über mehr Energie und fühlt sich mental klarer und leistungsfähiger.

In einer Studie des *Southern Medical Journal* von 1985 wurde festgestellt, dass Rohkost-Ernährung deutlich blutdrucksenkend wirkt, das Gewicht reduziert und 80 Prozent der Teilnehmer half, sich von Alkohol und Nikotin fernzuhalten.

Andere Studien zeigen eine positive Wirkung für Menschen, die unter Rheuma, Arthritis und Fibromyalgie leiden. Und weil eine vegane Rohkost-Ernährung völlig cholesterinfrei ist, leidet auch das Herz nicht darunter.

Rohkost-Ernährung zeigt sehr schnell, wie gut sie tut! In einer finnischen Studie von 1992 wurde festgestellt, dass chronisch kranke Menschen schon nach einer Woche Rohkost-Ernährung statistisch signifikante Verbesserungen ihrer Gesundheit zeigten. Bei einem (allerdings ethisch verwerflichen) Experiment in China stellte sich heraus, dass bei Ratten, die mit viel tierischem Fett gefüttert wurden, Tumore wuchsen; doch diese Tumore bildeten sich wieder zurück, nachdem das tierische durch pflanzliches Fett ersetzt worden war. Man hat auch eine Verbindung von Brustkrebs und Diabetes zu tierischen Proteinen festgestellt. Und 1990 bewies eine deutsche Studie, dass eine vegane Rohkost-Ernährung das Immunsystem deutlich stärkt.

— **Umweltfreundlich und gewaltfrei:** Jede Form von Vegetarismus mindert die Umweltverschmutzung und die Grausamkeit gegenüber Tieren, die um ihres Fleisches, ihres Fells oder ihres Leders willen geschlachtet werden. Im Vergleich zu Fleisch, Milchprodukten, Eiern und anderen tierischen Produkten bedeutet eine vegane Ernährung weniger Wasserverbrauch, weniger Kohlendioxid, weniger Luftverschmutzung und weniger Belastung der Gewässer, vor allem, wenn sie auf biologisch und regional erzeugten Produkten beruht.

— **Gewichtsreduktion:** Wenn Sie aufhören, fettreiche tierische Produkte zu verzehren, nehmen Sie automatisch ab. Eine deutsche Studie von 1999 hat festgestellt, dass Frauen durchschnittlich knapp 12 und Männer durchschnittlich knapp 10 Kilo abnehmen, wenn sie ihre Ernährung auf Rohkost umstellen. Bei einer ähnlichen Studie in Finnland von 1993 verloren die Teilnehmer durchschnittlich 9 Prozent ihres Körpergewichts.

— **Langfristige Gesundheit:** Die Ernährung mit Rohkost gehört zu den effektivsten gesundheitlichen Präventivmaßnahmen, die es gibt. Eine gesunde, ausgeglichene Ernährung mit lebendigen Nahrungsmitteln kann Krankheiten abwehren und insgesamt das Risiko für Krebs, Herzkrankheiten, Diabetes, Sehverluste und Arthritis mindern.

— **Schönheit:** Gesundes Haar, gesunde Haut und gesunde Fingernägel, ein optimales Gewicht und eine gute Immunabwehr fördern alle innerlichen und äußerlichen Aspekte von Schönheit. Der in rohen Früchten und Gemüsesorten vorhandene hohe Gehalt an Vitaminen und Nährstoffen stärkt die Schönheit von Körper und Geist.

Und was ist mit Proteinen?

Manche Menschen fürchten, dass eine Rohkost-Ernährung ihren Körper nicht mit genügend Proteinen versorgt. Und selbst wenn Sie hier keine Bedenken haben, werden sich vielleicht Ihre Familie oder Ihre Freunde Sorgen machen, wenn Sie sehen, dass Sie sich auf neue Weise ernähren.

In einem Artikel der American Dietetic Association von 2003 heißt es ganz deutlich: »Eine angemessen geplante vegetarische Ernährungsweise ist gesund und vom Nährwert her ausreichend.« Das bedeutet, dass Sie darauf achten müssen, ausreichend pflanzliches Protein zu sich zu nehmen, damit die individuellen Bedürfnisse Ihres Körpers gedeckt werden.

Dr. Gabriel Cousens, Arzt und Autor mehrerer Bücher über Rohkost, hat festgestellt, dass manche Menschen einen höheren Proteinbedarf haben als andere, manche sogar um bis zu 50 Prozent. Er nennt diese Menschen »schnelle Oxidierer« und »Parasympathen« und empfiehlt ihnen, ihre Rohkost-Ernährung durch Blattgemüse wie Grünkohl und vor allem proteinreiche Meeresgemüse wie blaugrüne Algen, Spirulina und Chlorella (die bis zu 70 Prozent Protein enthalten) zu ergänzen.

Wenn Sie sich unsere Primaten-Verwandten anschauen, werden Sie dort eine vollkommen ausreichende, gesunde vegetarische Ernährung antreffen. Gorillas nehmen 95 Prozent Grünpflanzen und 5 Prozent Früchte zu sich – und niemand wird behaupten wollen, sie würden damit nicht groß und stark!

Ein Vergleich zwischen dem Gehalt von Aminosäuren in Lammfleisch und in Grünkohl zeigt, dass das pikante Gemüse mehr davon enthält. Außerdem ergänzen viele Rohköstler ihre Ernährung durch proteinreiche Nüsse und Samen.

Die bereits erwähnte chinesische Studie erwies, dass tierisches Protein bei Laborratten ein wesentlicher Auslöser für Tumorwachstum war. Der führende Wissenschaftler schrieb, dass tierisches Protein »eine so starke Wirkung zeigte, dass wir das Wachstum des Krebses einfach durch das Zugeben oder Weglassen [von tierischen Proteinen] an- und abschalten konnten«.

Die Kehrseite der Rohkost-Ernährung

Sie fragen sich vielleicht, ob es neben all diesen Vorzügen auch negative Effekte hat, nur von rohen, lebendigen Nahrungsmitteln zu leben. Um dieses Buch objektiv und wahrhaftig zu halten, wollen wir hier die Nachteile aufzeigen, die möglicherweise auftreten können:

— **Zahnprobleme:** Wenn Sie viel Obst essen, ist es wichtig, sich regelmäßig die Zähne zu putzen. Zu viel Obst ohne ausgleichende pflanzliche Fette kann den Zähnen schaden.

— **Empfindsamkeit und Veränderungen in Beziehungen:** Eine Rohkost-Ernährung reinigt Ihr System von allen toxischen Chemikalien, die zuvor bei der Kontrolle und Unterdrückung Ihrer Emotionen mitgewirkt haben. Viele Menschen berichten, dass sie durch eine giftfreie Ernährung sehr empfindsam wurden für die Emotionen und gegenüber den Personen, die sie umgeben. Wenn Ihr Körper nicht mehr mit der Verarbeitung von Giften belastet ist, ist er tatsächlich offener für andere Lebenserfahrungen. Für manche Menschen ist dies der Anfang einer tiefen emotionalen Heilung.

Möglicherweise stellen Sie auch fest, dass Leute, mit denen Sie früher gerne Umgang pflegten, Ihnen jetzt schwieriger erscheinen. Gleichzeitig werden Sie wahrscheinlich neue Freunde und Bekannte anziehen und sich einer zuverlässigeren Intuition erfreuen. Sie werden auch mehr von der Essenz dessen erleben, wer und was Sie wirklich sind. Wenn Ihre Zellen optimal funktionieren, kann sich Ihnen eine ganz neue Welt der Liebe und des Lichts erschließen.

— **Gewichtszunahme oder -abnahme:** Wenn Sie durch Nüsse, Nussbutter, Avocados, Oliven und dergleichen zu viele Fette zu sich nehmen, können Sie bei einer Rohkost-Ernährung zunehmen. Andere hingegen verlieren zu viel Gewicht. Bei manchen Frauen setzt durch die Umstellung auf eine kalorienarme Rohkost-Ernährung vorübergehend die Periode aus. Achten Sie also auf Ihren Kalorien- und Fettverzehr sowie allgemein auf Ihr Energieniveau und Ihr Gewicht – und, falls Sie eine Frau sind, auf Ihren Menstruationszyklus. Bei jeder Ernährungsumstellung gilt es, auf eine gewisse Balance zu achten.

— **Entgiftung:** Der reinigende Effekt der Rohkost-Ernährung kann eine Entgiftung von Frittierfetten, raffiniertem Zucker, Weißmehl und Konservierungsmitteln Ihrer früheren Ernährung auslösen. Schwindel, Hautprobleme und Verdauungsbeschwerden können normale Zeichen von Entgiftung sein. Diese sind jedoch immer vorübergehend und dauern nur so lange, bis sich Ihr Körper auf die höherwertige Nahrung umgestellt hat.

— **Vitamin-B_{12}-Defizit:** Alle Veganer sind anfällig für einen Mangel an diesem Vitamin; er lässt sich jedoch leicht vermeiden, wenn man entsprechende Nahrungsergänzungsmittel nimmt. In einer Studie hat man festgestellt, dass Veganer, die reichlich Meeresgemüse und Algen verzehren, über ausreichend Vitamin B_{12} verfügen.

— **Pestizide:** Wenn Sie keine biologisch angebauten Produkte kaufen, müssen Sie damit rechnen, dass Sie mit einer Rohkost-Ernährung Rückstände von Pestiziden zu sich nehmen. (Der Arzt und Rohkost-Verfechter Gabriel Cousens weist jedoch darauf hin, dass in »normalem« Essen viel mehr pathogene Mikroorganismen wie Pilze und Mycotoxine enthalten sind als in einer durchschnittlichen veganen Mahlzeit. Der durchschnittliche Fleischesser verzehrt bei einer Mahlzeit 750 Millionen bis 1 Milliarde pathogene Mikroorganismen, der Veganer hingegen »nur« 500.)

Entgiftung mit roher, lebendiger Nahrung

Unser Körper absorbiert aus der Umwelt viele Gifte. Ein Amerikaner kommt gewöhnlich pro Tag durch Umweltverschmutzung, Nahrung, Reinigungsmittel und synthetische Produkte mit 133 Giften in Kontakt. Der Körper ist stark und kann sich von vielem vollkommen erholen, wenn er angemessen ernährt wird.

Lebendige Nahrungsmittel sind natürlicherweise entgiftend und helfen daher dem Körper, Toxine zu isolieren und auszuscheiden – was die Gesundheit und die Langlebigkeit fördert. Wenn Sie damit anfangen, sich größtenteils von Rohkost zu ernähren, können entgiftende Wirkungen auftreten.

Hier ist eine Liste einiger roher Nahrungsmittel, die stark entgiftend wirken:

Früchte zur Entgiftung

- **Apfel:** Wirkt stark reinigend auf die Verdauung.

- **Cranberry:** Die größere amerikanische Verwandte der europäischen Moos- oder Preiselbeere wirkt entgiftend auf Nieren, Blase und Harnwege und zieht Chemikalien und Toxine heraus.

- **Wassermelone:** Schwemmt alle wasserlöslichen Gifte aus und hilft im Fall einer zu stark natriumhaltigen Ernährung bei der Entwässerung.

- **Zitrone, Limone, Ananas und Grapefruit:** Wirken lösend und sind gut, um Leber und Gallenblase zu reinigen. Ananas enthält Bromelin, ein heilendes und die Verdauung förderndes Protein.

Gemüse zur Entgiftung

- **Blattgemüse –** Grünkohl, Spinat, Petersilie etc. – wirkt heilend, reinigend, beruhigend und zentrierend.

- **Meeresgemüse** enthält viele B-Vitamine.

Hausmittel aus Frucht- und Gemüsesäften

Dies sind ein paar Empfehlungen für leckere Säfte aus rohen Früchten und Gemüse, welche die Gesundheit stärken:

- **Antioxidantien-Lieferung:** Möhre, Orange, grüner Paprika, Ingwer
- **Entgiftung:** Apfel, Rote Beete, Gurke, Ingwer
- **Erkältungsabwehr:** Möhre, Zitrone, Rettich, Ingwer, Knoblauch
- **Immunsystem-Stärkung:** Möhre, Sellerie, Petersilie, Knoblauch
- **Leberreinigung:** Weizengras
- **Stressabbau:** Möhre, Sellerie, Grünkohl, Petersilie, Brokkoli, Tomate
- **Verdauungsförderung:** Ananas, Papaya

Der Vorratsschrank unserer Rohkost-Küche

Bevor wir die Rezepte präsentieren, wollen wir einige Nahrungsmittel vorstellen, die wir immer in der Küche haben, um die Zubereitung der Speisen möglichst einfach und angenehm zu gestalten. Wir möchten Sie auf einige besonders gute Nahrungsmittel aufmerksam machen, damit Sie deren Genuss mit Ihrer Familie und Ihren Freunden teilen können. Selbstverständlich sollten Sie bei allen Nahrungsmitteln versuchen, sie in Bioqualität zu verwenden.

Roher Agavensaft, Agavendicksaft bzw. Agavennektar: Ein prima Süßungsmittel der Rohkostküche! Es hat einen niedrigen glykämischen Index und ist selbst für Diabetiker und zuckerempfindliche Menschen geeignet. Die Agave ist ein Wüstengewächs. Der Saft wird bei niedrigen Temperaturen gewonnen und ist in Naturkostläden und übers Internet zu erhalten. (Im Folgenden wird diese Zutat als »Agavennektar« bezeichnet. Erkundigen Sie sich jedoch im Handel nach der besten erhältlichen Qualität dieses Süßungsmittels.)

Einführung

— **Apfelessig:** Er kann erstaunlich heilend wirken und lässt sich in viele Dressings und Saucen einarbeiten. Hochwertiger Apfelessig ist im Kühlschrank nahezu unbegrenzt haltbar.

— **Bourbon-Vanille:** Sie gibt Nachspeisen und auch manchen Hauptgerichten einen angenehm sanften, beruhigenden Geschmack.

— **Buchweizen:** Reich an Proteinen und ein praktischer Bestandteil vieler Rezepte mit gedörrten und frischen Zutaten. Die Samen sind in vielen Naturkostläden erhältlich und leicht zum Keimen zu bringen.

— **Rohes Carobpulver:** Es wird aus dem Fruchtfleisch der Johannisbrotbaum-Schoten gewonnen und ist eine gute Alternative zu Schokolade und außerdem reich an Proteinen. Das Pulver ist in vielen Naturkostläden vorrätig und in einem luftdichten Behälter sehr lange haltbar.

— **Flohsamenschalen:** Sie sind in der Rohkostküche ein sehr nützliches Verdickungsmittel, das wir für Wraps, Pies und Pudding verwenden. Sie können sie im Naturkostladen oder Reformhaus finden, im Internet beziehen oder über die Apotheke bestellen. Achten Sie auch hier auf Bioqualität.

— **Himalaya-Salz:** Dieses rosafarbene Salz aus dem Himalaya schmeckt unglaublich und kann solo als Nahrungsergänzungsmittel oder in Gerichten zur Verfeinerung des Geschmacks und zur Verbesserung des Nährwerts verwendet werden. Man findet es in den meisten Naturkostläden.

— **Rohe Kakaobohnen:** Rohe Schokolade ist ein großartiger Nachtisch, kann auch pikante Gerichte bereichern und eignet sich gut als Garnitur.

— **Junge, frische Kokosnüsse:** »Das Wasser der Natur!« Die Flüssigkeit aus jungen, frischen Kokosnüssen gehört zu den reinsten, die es gibt, und steckt voller nahrhafter Elektrolyte. Wir verwenden auch das Fleisch der Kokosnuss in vielen Frühstücksgerichten, Desserts und Wraps. Frische Kokosnüsse finden Sie z.B. im Kühlregal von Asien-Supermärkten. Das Kokosnusswasser gibt es in Bioqualität auch abgepackt zu kaufen.

— **Kräutermischungen:** Im Naturkostladen gibt es schöne Kräutermischungen mit italienischer, mediterraner oder spanischer Note, die ein Gericht im Nu geschmackvoller machen.

— **Meersalz:** In Maßen verwendet, ist Meersalz wundervoll, um Gerichte zu garnieren und ihren Geschmack zu verstärken. Gewöhnliches Tafelsalz sollte gemieden werden, da es Chemikalien enthält und stark verarbeitet ist. Meersalz bekommen Sie in allen Naturkostläden, auch mit getrockneten Kräutern.

— **Miso:** Miso-Paste verstärkt den Geschmack und dient Menschen, die salzempfindlich sind, als Ersatz. Nehmen Sie immer gereiftes Miso, vorzugsweise aus braunem Reis. Dieses Produkt ist fermentiert und in den meisten Naturkostläden erhältlich. Geöffnet hält es sich im Kühlschrank mehrere Tage.

— **Nüsse und Samen:** Es ist immer gut, Nüsse im Haus zu haben, zum Beispiel Mandeln (verstärken das basische Milieu im Körper), Paranüsse (enthalten viel Selen), Pinienkerne und Macadamianüsse. Man kann aus ihnen ganz schnell etwas Leckeres zubereiten – genauso wie aus Samen. Sie sind leicht verdaulich und ergeben allein und zusammen mit anderen Zutaten herrliche Gerichte. Kürbissamen können gekeimt werden und eignen sich sehr gut für Nussfrischkäse. Leinsamen ist auch sehr wichtig, sowohl der goldene als auch der braune. Beide sind in Naturkostläden erhältlich.

— **Edle Öle:** Avocadoöl, Sesamöl, Haselnussöl, Macadamianuss-Öl und Trüffelöl gehören zu unseren Favoriten. Edle Öle verfeinern den Geschmack vieler Dressings und Saucen. Auch allein über Salat oder Pasta gegossen, schmecken sie wunderbar. Nehmen Sie immer kalt gepresste Öle aus erster Pressung (extra vergine), natürlich in Bioqualität.

— **Olivenöl:** Verwenden Sie nur kalt gepresstes (also rohes) Olivenöl aus erster Pressung. Es sollte in einer dunklen Flasche an einem dunklen, kühlen Ort aufbewahrt werden, damit es kein Licht abbekommt und nicht ranzig wird. Wird es in einer Steinmühle verarbeitet, entsteht bei der Verarbeitung noch weniger schädliche Hitze.

— **Zimt:** Ein universelles Gewürz, dass wir in vielen Gerichten verwenden, sei es als Stangen oder als Pulver. Achten Sie auch bei den Gewürzen auf Bioqualität.

Küchengeräte für die Rohkost-Zubereitung

Dörrautomat: Wichtig, um knackige Cracker und getrocknete Früchte herzustellen, Gemüse zu marinieren sowie alle möglichen Blätter zum Einrollen herzustellen. Die in den Rezepten angegebenen Zutaten für Wraps etc. reichen meist für etwa 4 Blätter bzw. Lagen, die auf die Größe des Dörrautomaten abgestimmt sind.

Entsafter: Wenn Sie gerne frische Säfte mögen oder sich nach einer gesundheitlichen Krise regenerieren wollen, ist ein Entsafter erforderlich. Frische Säfte enthalten viele Vitamine und Mineralien. Selbst ein kleines Glas voll ist schon sehr hilfreich. Saftkuren haben sich gegen viele Krankheiten als sehr erfolgreich erwiesen. Ein Entsafter mit sehr guter Saftausbeute ist der Green Star; in unserem Restaurant verwenden wir den Zentrifugalentsafter Breville Juice Fountain Elite, der wunderbare Säfte macht und leicht zu reinigen ist.

Küchenmaschine: Dient mit der Hackfunktion hauptsächlich zur Herstellung von Teigen für Kekse und Pies, von Pâtés und Salsas.

Messbecher: In den USA wird alles Mögliche – von Olivenöl bis Erdbeeren – in »Tassen« abgemessen. Besorgen Sie sich einen Messbecher, auf dem auch Cup-Einheiten markiert sind, oder nehmen Sie einen kleinen Becher, in den 225 ml passen, und verwenden Sie ihn als Ihre Messtasse. *(Anmerkung zur deutschen Ausgabe)*

Mixer: Wir verwenden einen Standmixer von Vita-Mix. Er hat einen starken Motor und der Behälter ermöglicht die Verwendung eines Stößels zur Verarbeitung von Nüssen und Samen. In manchen unserer Rezepte wird ausdrücklich auf die Notwendigkeit eines »leistungsstarken Mixers« hingewiesen; bei anderen reicht ein gewöhnlicher Küchenmixer. (Anmerkung zur deutschen Ausgabe: Die Verwendung eines Stabmixers ist in den USA eher ungewöhnlich. In Rezepten mit weicheren Produkten können Sie auch einen Stabmixer einsetzen.)

Schneidebrett: Ein gutes Holzbrett ist am besten. Auch Bambus geht sehr gut.

Schneidewerkzeug: Um in die Struktur, das Aussehen und die Zubereitung selbst der einfachsten Salate mehr Vielfalt zu bringen, sind – neben scharfen Messern – verschiedene Schneidegeräte hilfreich, zum Beispiel ein Gemüsehobel, eine Mandoline und ein Spiralschneider.

Schüsseln und Schalen: Glas und Edelstahl sind am besten. Meiden Sie bitte Aluminium, da es mit manchen Nahrungsmitteln reagiert und dann freigesetzt wird.

Ein einfacher Menü-Plan für 5 Tage

Wenn Sie Ihre Ernährungsweise umstellen wollen, sollten Sie bedenken, dass Ihre alten Gewohnheiten und Emotionen Sie manchmal aus der Bahn werfen können. Gehen Sie in diesem Prozess sanft und freundlich mit sich selbst um.

Wenn Sie nur fünf Tage von lebendigen Nahrungsmitteln gelebt haben, sollten Sie sich energiereicher und klarer fühlen. Möglicherweise fängt auch Ihre Haut zu strahlen an und Sie fühlen sich fröhlicher und entspannter. Diese und viele andere Vorteile kommen Ihnen zugute, während Sie all die Möglichkeiten entdecken, welche die Natur für Ihr Wohlbefinden bereithält.

Wir empfehlen Ihnen, sich während dieser fünf Tage Zeit zu nehmen: Sinnen Sie nach, schreiben Sie Tagebuch und bewegen Sie sich, um die heilende Wirkung dieser Art von Ernährung zu unterstützen. Alle vorgeschlagenen Gerichte beziehen sich auf Rezepte aus diesem Buch.

Jede Mahlzeit enthält eine gesunde Menge an Proteinen, frischem Gemüse, Vitaminen, Mineralien und anderen Nährstoffen. Trinken Sie im Verlauf jedes Tages mindestens 8 Gläser Wasser. Morgens und abends können Sie sich mit hilfreichen Affirmationen zu Ihrer Ernährung unterstützen, zum Beispiel: »Als Ergebnis meiner hervorragenden Ernährungsweise erfreue ich mich strahlender Gesundheit.«

1. Tag

Frühstück: Merry Monkey Smoothie

Zwischenmahlzeit: Taco-Salat

Mittagessen: Yogisaft; 1 Handvoll eingeweichte Mandeln *oder* Sizilianische Leinsamen-Cracker mit frischem Gemüse (probieren Sie Tomate, frisches Basilikum und Spinat)

Abendessen: Topaz-Pizza

2. Tag

Frühstück: Supergrüner Smoothie

Zwischenmahlzeit: Shiitake-Salat

Mittagessen: Apfel-Zitrone-Ingwer-Saft; Mandelmus auf frischem Apfel oder Sprossenbrot

Abendessen: Asiatische Nudeln

3. Tag

Frühstück: Sanfter Pfirsich-Smoothie

Zwischenmahlzeit: Curry-Cones

Mittagessen: Grüner Saft; kleiner grüner Salat mit Miso-Dressing *oder* Sizilianische Leinsamen-Cracker mit Guacamole

Abendessen: Sommerkürbis-Samosas

4. Tag

Frühstück: Exzellenter Schokoladen-Smoothie

Zwischenmahlzeit: Gefüllte Tomaten; Cäsar-Salat

Mittagessen: Ananas-Powersaft; frisches Gemüse mit Mandel-Frischkäse *oder* frisches Obst mit Vanille-Sauce

Abendessen: Lasagne vital

5. Tag

Frühstück: Avocado-Whip-Smoothie

Zwischenmahlzeit: Shiitake-Sushi-Rollen

Mittagessen: Magischer Rote-Beete-Saft; Rohe Ramensuppe

Abendessen: Clayudas

Jeden Tag nehmen Sie einen Regenbogen von Früchten und Gemüse, Nüssen und Samen und manchmal auch Keimlingen zu sich.

Bei der Rohkost-Ernährung ist es wichtig, durch eine Vielzahl verschiedener Nahrungsmittel die Balance zu halten. Mindestens 50 bis 70 Prozent sollten aus frischen Früchten und Gemüsesorten bestehen, um Ihrem Körper ausreichend Flüssigkeit zuzuführen. Ein verbreiteter Fehler bei der Umstellung auf Rohkost besteht darin, zu viel ungekeimte Nüsse und Samen und trockene Nahrungsmittel zu sich zu nehmen, ohne durch frische, lebendige Produkte einen Ausgleich zu schaffen. Deswegen empfehlen wir, täglich mindestens einen Salat, Saft oder Smoothie zu genießen.

Bei den folgenden Rezepten wird es als selbstverständlich vorausgesetzt, dass sämtliche Obst- und Gemüsesorten vor der Verwendung sorgsam gewaschen und – wo nötig – geputzt oder geschält werden. Wenn die Schale einer Frucht essbar ist – wie etwa bei Äpfeln –, wird sie jedoch in der Regel wegen der Nährstoffe mitsamt dem Fruchtfleisch verarbeitet.

Kapitel Eins

Getränke und Smoothies

Smoothies, Säfte, Nussmilch, Elixiere und Tonika sind feste Bestandteile der lebendigen Saft-Bar, aus der ständig neue Ideen für eine optimale Ernährung, mehr Energie und ein genussvolles Leben entströmen. In unserem Restaurant »118 Grad« ergänzen wir unsere Säfte und Smoothies mit verschiedenen »Superfood«-Nahrungsmitteln und »Superfood«-Nahrungsergänzungsmitteln.

Wir laden Sie herzlich ein, mit diesen Rezepten frei zu experimentieren. Geben Sie an Ergänzungsmitteln und Früchten hinzu, was Sie gerade im Schrank haben oder wonach Ihr Körper verlangt. Smoothies und Säfte sind ein wunderbarer Weg, Ihrer täglichen Ernährung eine hohe Nährstoffdichte zu geben. Während der Umstellungszeit auf Rohkost geht es vielen Menschen sehr gut damit, den Tag mit einem »Superfood«-Smoothie zu beginnen.

Erhält Ihr Körper schon am Morgen ausreichend Nährstoffe, dann werden Ihr Gehirn, Ihr lymphatisches System und Ihre Organe aktiviert. Das entgiftet das Blut und motiviert Sie, sich auch den Rest des Tages besser zu ernähren. Probieren Sie es aus!

Einige »Superfoods«

Diese Nahrungs- und Nahrungsergänzungsmittel verstärken den Nährwert Ihrer Smoothies und bereichern sie um verschiedene Geschmacksnuancen.

- **Bienenpollen, Propolis und Gelee Royale:** Haben sehr hohe Antioxidantien-Werte, stärken die Energie und enthalten dichte Nährstoffe, darunter Omega-3 und B-Komplex-Vitamine. Manche Veganer nehmen keine Bienenprodukte zu sich, weil sie auch von Tieren stammen. Es liegt ganz bei Ihnen, welche Haltung Sie in dieser Frage einnehmen möchten.

- **Carob:** Enthält 80 Prozent Protein, außerdem die Vitamine A, B_1, B_2, B_3 und D sowie Calcium, Kalium, Magnesium, Eisen und Phosphor.

- **Chia-Samen:** Enthalten Calcium, verlangsamen den Umbau von Kohlenhydraten in Zucker und stärken den Wasserhaushalt des Körpers. Hervorragende Energielieferanten, welche die Ausdauer fördern.

- **E_3Live (ein AFA-Algen-Produkt):** Enthält drei- bis fünfmal so viel Chlorophyll wie Weizengras, 22 Aminosäuren sowie essenzielle Fettsäuren, darunter Omega-3-Fettsäuren.

- **Goji-Beeren:** Enthalten 13 Prozent Protein und 18 verschiedene Aminosäuren, darüber hinaus Calcium, Magnesium und die Vitamine B_1, B_2, B_6, C und E. Sehr reich an Antioxidantien.

- **Hanf-Protein:** Reich an Omega-3, Omega-6 und Omega-9 – alle wichtig für den Muskelaufbau – sowie an Antioxidantien.

- **Kakao:** Enthält stimmungsaufhellende Stoffe sowie Schwefel, Magnesium und Spurenelemente.

- **Leinsamen:** Liefern hochwertige Proteine und viele essenzielle Fettsäuren, darunter Omega-3, Omega-6 und Omega-9.

- **Maca-Wurzel:** Enthält mehr als 55 Phytochemikalien, die unter anderem stimmungsaufhellend wirken, die Leistungsfähigkeit steigern und den Blutkreislauf stärken, außerdem viele Aminosäuren und B-Vitamine, darunter auch B_{12}.

- **Mesquite:** Schmeckt karamellig und enthält eine Reihe von Aminosäuren; stärkt den Kreislauf und die Muskeln.

- **Spirulina:** Enthält 60 Prozent Protein und Phytonährstoffe wie Betacarotine, Chlorophyll, essenzielle Fettsäuren, Vitamin B_{12} sowie Eisen.

Säfte

Sämtliches Obst und Gemüse sowie alle frischen Kräuter werden vor dem Mixen gewaschen und je nach Art geputzt, geschält und entkernt. Bio-Äpfel entsaften wir aber mitsamt der Schale, denn sie enthält wichtige Nährstoffe.

— ERDBEER-KIWI-SAFT —

Dieser Saft ist voller Vitamin C und sehr gut für Kinder. Er ist gehaltvoller als die meisten Vitaminpräparate und leicht verdaulich. Kiwis enthalten 500-mal mehr Vitamin C als Orangen!

8 frische Erdbeeren
4 Kiwis
1 Apfel
Eiswürfel

Den Apfel vierteln. Alles Obst entsaften. Um den Drink attraktiv zu präsentieren, können Sie den Saft mit 2 Eiswürfeln in einen Shaker füllen, ordentlich schütteln und in einem Martini-Glas servieren.

— REINIGENDER COCKTAIL —

Frucht- und Gemüsesäfte wirken auf den Körper sehr reinigend. Saftfasten ist sehr geeignet, um Ihrem Körper einmal im Jahr eine Pause zu gönnen und sich natürlich zu entgiften. Sie können mit diesem Cocktail auch jeden Werktag beginnen.

2 Äpfel   2 Stangen Sellerie
1 Zitrone   2 Tassen Spinat
1–2 cm Ingwerwurzel   3 EL Weizengrassaft oder E_3Live

Äpfel, Zitrone und Ingwer, Sellerie und Spinat abwechselnd entsaften. Weizengrassaft oder E_3Live hinzufügen und gut umrühren.

— Regenbogenlicht-Saft —

Ähnlich wie ein Regenbogen aus dem ganzen Lichtspektrum entsteht, ist dieser Saft eine wundervolle Mischung der Energien von verschiedenen Früchten und Gemüse, die den Körper mit über 133 Spurenelementen, Nährstoffen und Vitaminen versorgen.

2 Orangen	3 Blätter roter Mangold
6 Blaubeeren	evtl. 2 TL Agavennektar
½ Honigmelone	evtl. 2 TL Bienenpollen (oder Maca-Wurzel- bzw. Mesquite-Pulver)

Orangen, Beeren, Mangold und Melone entsaften. Den Saft in einen Mixer gießen – wenn gewünscht, zusammen mit Bienenpollen (oder Maca-Wurzel- bzw. Mesquite-Pulver) und Agavennektar. Genießen Sie dieses Getränk, wann immer Sie einen schnellen Energieschub brauchen.

— Yogisaft —

Yoga ist ein sehr guter Weg, um die Meridiane im Körper zu aktivieren und Körper, Geist und Seele in Einklang zu bringen. Dieses energiereiche, hoch schwingende Getränk mit seinem reichen Gehalt an Mineralien und Proteinen ist im »118 Grad« der Liebling der Yoga-Schüler.

2 Orangen	1 TL Maca-Wurzel-Pulver
6 frische Erdbeeren	evtl. 2 TL Bienenpollen *(oder* Mesquite-Pulver*)*
1 Zitrone	evtl. 1 TL Agavennektar
	evtl. 1 EL pürierte Beeren (Garnitur)

Die Früchte entsaften und den Saft in einen Mixer gießen, zusammen mit den Zusätzen, die Sie mögen: Maca-Wurzel-Pulver, Bienenpollen (oder Mesquite-Pulver) und/oder Agavennektar. Servieren Sie den Yogisaft mit einem Häubchen aus Beerenpüree.

— Magischer Rote-Beete-Saft —

Rote Beete sind sehr gut, um den Cholesterinspiegel zu senken. Sie wirken direkt auf das Herz und den Kreislauf. Im »118 Grad« nennen wir diesen Saft »Doug's Drink«. Doug ist einer unserer Stammkunden. Er schwört seit über 30 Jahren erfolgreich auf rohe Säfte, und ganz besonders auf die magischen Heilkräfte der Roten Beete. Wir hoffen, Sie genießen sie auch!

2 Rote Beete
2 Äpfel
1 Möhre

Die Äpfel vierteln. Alles entsaften, dabei immer wieder zwischen Äpfeln, Möhren und Rote Beete abwechseln.

— Ananas-Powersaft —

Ananas enthält das für die Verdauung höchst wirksame Enzym Bromelin. Dieser Saft eignet sich sehr gut zur inneren Reinigung und zur Abkühlung an einem heißen Sommertag. Mit Eis gemixt lässt er sich auch sehr schön bei besonderen Anlässen als alkoholfreier Cocktail servieren.

½ mittelgroße Ananas   ½ Tasse (125 ml) Flüssigkeit von einer jungen, frischen Kokosnuss
1 Mango   evtl. 2 TL Agavennektar
1 Orange   Eiswürfel

Früchte entsaften und mit dem Kokosnusswasser mischen. Mit einem Eiswürfel und dem Agavennektar in einen Shaker füllen und vor dem Servieren gut schütteln.

Slush-Version: ½ Tasse Eiswürfel mit dem Saft im Standmixer zerstoßen, bis ein eisiges Mus (Slush) entsteht. Den Slush in Bechergläser füllen und mit Orangenschale oder Ananasstücken garnieren.

— Apfel-Twist-Saft —

Äpfel enthalten besondere Enzyme, die vor allem bei Gallensteinen und Leberstauungen hilfreich sein können und in allen Entgiftungskuren empfohlen werden. Sie sind eine alltägliche Quelle für Vitamine und Nährstoffe. Probieren Sie die gewürzte Variante als besonderes Wintervergnügen!

2 Äpfel
2 Birnen
¼ Orange

Äpfel und Birnen vierteln. Mit der Orange in den Entsafter geben – und genießen!

Winter-Variante: In der kalten Jahreszeit um Weihnachten können Sie dem Saft folgende Zutaten hinzufügen:

1 TL Agavennektar
1 TL Zimt
1 Prise Muskat

Vorsichtig auf dem Herd mit einem Thermometer oder im Dörrautomaten auf 45 °C erwärmen und 2 Stunden ziehen lassen.

— Würziger Tomatensaft —

Gemüsesäfte liefern wichtige Bausteine für den Körper, besonders für die Muskeln und das Bindegewebe. Würziger Tomatensaft ist besonders gut für die Nieren und die Leber. Er enthält viele Mineralien und liefert dem Körper hochwertige Flüssigkeit – sehr gut vor oder nach dem Sport!

2 Tomaten
3 Stangen Sellerie
½ Rote Beete
evtl. 1 Apfelscheibe (Garnitur)
1 Möhre
1/8 Tasse Blattkoriander *oder* Petersilie
1 TL Cayennepfeffer

Die Tomaten in Viertel schneiden. Sämtliches Gemüse und Kräuter entsaften, zum Schluss mit Cayennepfeffer abschmecken. Garnieren Sie die Gläser mit einem Streifen Sellerie oder einer Apfelscheibe.

— TROPICAL-TWIST-SAFT —

Die Tropen sind für ihr klares Wasser, ihre warmen Winde und das Gefühl genussvoller Seligkeit berühmt. Probieren Sie diesen Saft, wenn Sie das Bedürfnis nach völliger Entspannung haben.

¼ mittelgroße Ananas
1 Mango
1 Kiwi
evtl. 2 TL Agavennektar
1 Kaffir-Limone (gibt es im Asien-Supermarkt)
½ Tasse (125 ml) Flüssigkeit von einer jungen, frischen Kokosnuss

Alle Früchte (außer der Kokosnuss) entsaften. Den Saft in den Standmixer gießen, das Kokosnusswasser und den Agavennektar hinzufügen und alles miteinander verquirlen, bis es schäumt. In Gläser gießen und mit einem Streifen Kaffir-Limonen-Schale garnieren.

— GRÜNER SAFT —

Die besondere Kombination von Chlorophyll und Proteinen in diesem grünen Gemüse hilft dem Körper, diese Nährstoffe besonders schnell aufzunehmen. Dieser Gemüsesaft enthält wenig Zucker, aber viele Elektrolyte, die der Regeneration der Muskeln und Gelenke dienen.

4 Blätter Grünkohl
3 Stangen Sellerie
½ Gurke
2 Tassen Spinat
1 Apfel

Den Apfel vierteln und mit dem Gemüse entsaften, dabei das Blattgemüse mit der Gurke, dem Sellerie und dem Apfel abwechseln. Genießen Sie dieses Elixier nach dem Yoga oder nach anderen Aktivitäten, um sich schnell zu regenerieren.

— Verrückt-nach-Grünkohl-Saft —

Nach dem Genuss dieses würzigen grünen Safts voller Vitamine und Proteine werden Sie sich fühlen, als hätten Sie Flügel! Grünkohl enthält besonders viel Eisen und Proteine und ist gut für den Muskelaufbau. Sportler und »Kopfarbeiter« lieben diesen Saft gleichermaßen, denn er weckt den Geist und fördert die Konzentrationskraft.

6 Blätter Grünkohl
3 Stangen Sellerie
1 Birne
4 EL E_3Live BrainON
Eiswürfel

Die Birne vierteln und mit dem Grünkohl und Sellerie entsaften. Den Saft zusammen mit dem E_3Live und 2 Eiswürfeln in einen Shaker gießen und gut schütteln. Servieren Sie den Verrückt-nach-Grünkohl-Saft in hohen Longdrink-Gläsern mit einem gebogenen Trinkhalm.

— Apfel-Zitrone-Ingwer Saft —

Dies ist ein stark entgiftendes Getränk und eine wundervolle energetische Starthilfe in den Tag. Man kann ein wenig Cayennepfeffer hinzufügen; das öffnet das lymphatische System.

2 Äpfel (wir mögen am liebsten Fuji und Braeburn!)
2 Zitronen
gut 1 cm Ingwerwurzel
evtl. 2 TL Cayennepfeffer

Die Äpfel vierteln. Beginnen Sie beim Entsaften mit den Zitronen, gefolgt von einem Stück Apfel; dann folgt der Ingwer und schließlich der Rest der Äpfel, bis alles gut entsaftet ist.

Beim Saftfasten ist dieses Getränk gut, um den Brustbereich zu öffnen und den Kreislauf anzuregen. Bei reinen Flüssigdiäten empfehlen wir, die Menge zu verdoppeln und den Drink morgens als Erstes zu sich zu nehmen.

Getränke und Smoothies

Nussmilch

Die Möglichkeiten, Nussmilch herzustellen, gehen ins Unendliche: Mandeln, Paranüsse, Kokosnuss, Macadamia, Hanfsamen, Sesamsamen und viele andere! Hier sind zwei unserer Lieblingsmischungen und die Grundtechnik, wie Sie sie selbst herstellen können.

— MANDELMILCH —

Dies ist ein reichhaltiges, wohlschmeckendes Getränk für alle, die gerne einfach ein Glas kalte Milch trinken. Mandeln wirken basisch und helfen daher auch bei übersäuertem Magen.

- 4 Tassen Mandeln, 8 Stunden eingeweicht
- 4 Tassen mineralisiertes Wasser
- 1 EL kalt geschleuderter Honig
- 1 Prise Zimt
- 1 EL Mesquite-Pulver
- 1 EL gemahlene Bourbon-Vanille
- 1 Prise Meersalz

Die eingeweichten Mandeln gut abspülen. Jeweils 2 Tassen Mandeln mit 2 Tassen Wasser mixen. Durch ein Tuch abgießen und etwas ausdrücken. Bewahren Sie das Nussfleisch in einem luftdichten Behälter im Kühlschrank auf und verwenden Sie es für andere Rezepte. Die frische Milch kann mit dem Mixer mit Vanille, Mesquite, Meersalz, Zimt und Honig vermischt und im Kühlschrank aufbewahrt werden.

— PARANUSS-MILCH —

Paranüsse enthalten viel Selen, was nicht so häufig in Nahrungsmitteln vorkommt, für unseren Körper jedoch sehr wichtig ist. Diese Milch schmeckt wunderbar über Flocken und in Smoothies.

- 4 Tassen Paranüsse, 8 Stunden eingeweicht
- 1 EL gemahlene Bourbon-Vanille
- 6 Tassen mineralisiertes Wasser
- 1 Prise Meersalz
- 1 TL Zimt

Die eingeweichten Nüsse gut abspülen. Jeweils 2 Tassen Nüsse mit 3 Tassen Wasser in einem leistungsstarken Mixer pürieren und dann die Flüssigkeit abseihen. Bewahren Sie das Nussfleisch in einem luftdichten Behälter im Kühlschrank auf, um es für andere Rezepte zu verwenden (es sollte jedoch innerhalb von 24 Stunden gegessen werden). Mixen Sie die Nussmilch mit Vanille, Zimt und Meersalz. Wenn Sie die Nüsse bereits eingeweicht haben, dauert der ganze Prozess der Milchherstellung nicht länger als 20 Minuten.

Superfood Smoothies

Mit den richtigen Zutaten können Smoothies eine großartige Mahlzeit sein. Sie sind auch eine gute Quelle für Ballaststoffe, da die Früchte und das Gemüse ganz verarbeitet werden. Im »118 Grad« werden alle unsere Smoothies mit Superfood-Ergänzungsmitteln aufgepeppt, um in jeden köstlichen Schluck noch mehr Vitamine und Mineralien zu packen.

— Merry Monkey Smoothie —

Der mit Proteinen vollgepackte »Glückliche Affe« ist im »118 Grad« der absolute Favorit. Es gibt auch schon Variationen, zum Beispiel den Chocolate Mint Monkey, den Green Monkey und den Mango Monkey. Ein großartiges Rezept für Kinder, denn es schmeckt genauso wie ein Milchshake!

1 Banane	¼ Tasse Mandelmilch (S. 17)	1 TL Zimt
2 EL Mandelmus *oder* rohe Mandeln	1 EL Agavennektar	1 Tasse zerstoßene Eiswürfel

Alle Zutaten in einem leistungsstarken Mixer zu einer homogenen cremigen Masse verarbeiten. Für den Chocolate Mint Monkey fügen Sie 2 EL Kakaopulver und 8 große Minzeblätter hinzu. Für den Green Monkey brauchen Sie stattdessen 2 Blätter Grünkohl und für den Mango Monkey ½ reife Mango.

— Avocado-Whip-Smoothie —

Als ich, Jenny, das erste Mal nach Hawaii kam, wurde mir ein Avocado-Smoothie angeboten. Ich fand die Idee ziemlich merkwürdig, aber ich dachte, was soll's, ich probiere es. Schon nach dem ersten Schluck war ich hellauf begeistert!

1 reife Hass Avocado	½ Banane	½ Tasse (125 ml) Wasser
1 Tasse kleine Ananasstücke	2 EL Hanfsamen	½ Tasse zerstoßene Eiswürfel
1 reife Mango	1 EL Agavennektar *oder* kalt geschleuderter Honig	

Die Früchte mit allen übrigen Zutaten in einem leistungsstarken Mixer pürieren. Mit einer Prise Hanfsamen und einer Blüte (ungiftig!) garnieren.

— Sanfter Pfirsich-Smoothie —

Dieser Smoothie ist wie ein flüssiger Nachtisch – eine erstaunliche, köstlich cremige Mischung aus Früchten, Gewürzen und Nüssen!

- 2 reife Pfirsiche
- 1 reife Banane
- 2 EL Mandelmus
- ½ TL gemahlene Bourbon-Vanille *oder* 2 Vanilleschoten
- ½ Tasse (125 ml) Mandelmilch
- 2 EL Agavennektar
- 1 Prise Himalaya-Salz
- 1 TL Zimt
- ½ Tasse zerstoßene Eiswürfel
- 1 Zimtstange (Garnitur)

Die Früchte mit allen übrigen Zutaten in einem leistungsstarken Mixer pürieren und in große, gekühlte Gläser füllen. Mit Vanille besprenkeln und mit einer Zimtstange garnieren.

— Feiner Feigen-Smoothie —

Wenn die Feigen reif sind, ist dieser Smoothie einfach unübertrefflich! Nur wenige wissen, dass Feigen viel Protein enthalten. Genießen Sie diesen Smoothie im Sommer, wenn es frische Feigen gibt.

- 1 reife Banane
- 6 reife Feigen
- ½ Tasse (125 ml) Hanfmilch
- 1 TL Hanf-Protein
- 1 TL Zimt
- 1 TL gemahlene Bourbon-Vanille *oder* 1 Vanilleschote
- 1 TL Maca-Wurzel-Pulver
- ½ Tasse zerstoßene Eiswürfel

Die Früchte mit allen übrigen Zutaten in einem leistungsstarken Mixer pürieren. Zum Schluss ein paar Feigenstückchen hineingeben, die oben schwimmen, oder das Glas mit einer Feige garnieren.

— Süsser Erdbeer-Smoothie —

Erdbeeren enthalten viele Vitamine und Mineralien, und die Kokosnuss steuert essenzielle Fettsäuren bei. Dieser Smoothie ist zu jeder Tageszeit eine perfekte Mahlzeit.

8 frische Erdbeeren
1 Banane
1 junge, frische Kokosnuss (Flüssigkeit und Fleisch)
1 EL Agavennektar
2 EL Hanfsamen

Die Früchte mit allen übrigen Zutaten in einem leistungsstarken Mixer pürieren. In gekühlten Gläsern mit Erdbeeren garniert servieren.

— Supergrüner Smoothie —

Wenn Sie keine Lust auf einen Salat haben, können Sie Ihr Blattgemüse auch in Form eines Smoothies zu sich nehmen. Dann bekommen Sie auch gleich die nötigen Ballaststoffe. Und das Beste daran: Es schmeckt gar nicht nach »Grünzeug«!

1 reife Banane
1 reife Mango, gewürfelt
1 TL Agavennektar
2 Blätter Grünkohl *oder* 1 Tasse Spinat
1 EL Maca-Wurzel-Pulver
1 EL SuperGreens *oder* Spirulina
½ Tasse zerstoßene Eiswürfel
1 Tasse Flüssigkeit von einer jungen, frischen Kokosnuss

Früchte und Gemüse mit allen übrigen Zutaten in einem leistungsstarken Mixer pürieren. In Gläser gießen und mit einem Fruchtspieß als Mahlzeit oder Vorspeise genießen! Lässt sich auch gut morgens in einem Thermobecher mit auf den Weg nehmen.

— Granatapfel-Smoothie —

Granatäpfel sind sehr reich an Antioxidantien. In diesem Smoothie verbindet sich dieses kraftvolle Nahrungsmittel mit der süßen, sanften Mango zu einem milden Getränk, das befeuchtet, belebt und jede Zelle des Körpers befriedigt.

1 Mango, geschnitten
1 Tasse Granatapfelsamen *oder* ½ Tasse (125 ml) Granatapfelsaft
1 junge, frische Kokosnuss (Flüssigkeit und Fleisch)
Crunchy (z. B. aus Buchweizen; Garnitur)
evtl. 1 TL Bienenpollen (*oder* Maca-Wurzel- bzw. Mesquite-Pulver)
1 Tasse zerstoßene Eiswürfel
Banane (Garnitur)
1 EL Agavennektar

Die Früchte mit allen übrigen Zutaten in einem leistungsstarken Mixer pürieren und genießen! Garnieren Sie die Gläser mit ein wenig Crunchy und Banane.

— Balance-Smoothie —

In einer stressigen Umgebung und in der Geschäftigkeit des Alltags kann das Gleichgewicht manchmal entschwinden. Dieses Rezept hilft, die innere Balance wiederzufinden, in der Hoffnung, dass sich dies dann in der Außenwelt spiegeln möge. In diesem Smoothie verwenden wir Superfood-Ergänzungsmittel, die zum Teil aus ausgleichenden chinesischen Kräutern bestehen.

½ Mango
½ tiefgekühlte Banane
½ Tasse Spinat
1 TL SuperGreens (*oder* E$_3$Live *oder* 1 EL Maca-Wurzel-Pulver)
2 EL Hanfsamen
½ Tasse (125 ml) Nussmilch
½ Tasse zerstoßene Eiswürfel

Die Früchte mit allen übrigen Zutaten in einem leistungsstarken Mixer pürieren und in Gläser füllen. Mit Hanfsamen und einer Bananenscheibe garnieren.

— Tanz-auf-dem-Regenbogen-Smoothie —

Dieses Smoothie-Rezept macht einfach nur Spaß! Es enthält eine leichte, fröhliche Energie, die Ihnen gerade den Extra-Energiestoß gibt, den Sie brauchen.

1 reife Banane
2 Blätter Grünkohl
½ Tasse (125 ml) Hanfmilch
4 EL rohe Kakaobohnensplitter
1 reife Mango *oder* 1 Tasse Ananas, gewürfelt
1 TL gemahlene Bourbon-Vanille *oder* 1 Vanilleschote
1 EL Maca-Wurzel-Pulver
1 EL Matcha-(Grüner-Tee)-Pulver
etwas Obst (Garnitur)
Hanfsamen (Garnitur)

Obst und Grünkohl mit allen übrigen Zutaten in einem leistungsstarken Mixer pürieren. Als Garnitur können Sie frisches Obst in Hanfsamen rollen.

— Exzellenter Schokoladen-Smoothie —

Roher Kakao ist reich an Magnesium und anderen Kreativitätsverstärkern. Dieser hoch nährstoffreiche Smoothie ist großartig, um das schöpferische Potenzial Ihres Geistes freizusetzen, und entfaltet eine natürlich stimulierende Wirkung. Das Wichtige an diesem Rezept ist der Anteil reichhaltiger grüner Nahrungsmittel.

1 reife Banane *oder* Avocado
1 junge, frische Kokosnuss (Flüssigkeit und Fleisch)
2 EL rohe Kakaobohnensplitter *oder* Kakaopulver
1 EL Maca-Wurzel-Pulver
1 EL SuperGreens *oder* Spirulina
1 TL gemahlene Bourbon-Vanille *oder* 1 Vanilleschote

2 EL Hanfsamen
1 TL Zimt
½ Tasse zerstoßene Eiswürfel
Schokoladen-Sauce (Garnitur)
Zimtstange (Garnitur)
2 EL Agavennektar

Die Früchte mit allen übrigen Zutaten in einem leistungsstarken Mixer pürieren. Dippen Sie die Gläser als Garnitur kurz mit dem oberen Rand in Schokoladen-Sauce oder garnieren Sie den Smoothie mit Zimtpulver und einer Zimtstange.

— Zen-Energie-Smoothie —

Dieser Smoothie verleiht Energie für den ganzen Tag. Maca-Wurzel enthält ganze Aminosäure-Ketten, die der Körper leicht in Energie umsetzen kann. Matcha ist ungerösteter Grüntee, der in Asien seit langer Zeit als Mittel gegen Alterungserscheinungen gilt. Beide Nahrungsmittel zusammen werden dafür sorgen, dass Sie wach sind, gleichzeitig aber auch zenmäßig entspannen.

1 reife Banane
1 Tasse Mandelmilch
1 EL Mandelmus
2 Blätter Grünkohl *oder* ½ Tasse Spinat
1 TL gemahlene Bourbon-Vanille *oder* 1 Vanilleschote

1 TL Zimt
1 EL Matcha-Pulver
2 EL Agavennektar
1 EL Maca-Wurzel-Pulver
½ Tasse zerstoßene Eiswürfel

Früchte und Gemüse mit allen übrigen Zutaten in einem leistungsstarken Mixer pürieren. In gekühlten Gläsern servieren oder in einem Thermobecher mitnehmen und den ganzen Tag über genießen.

Kapitel Zwei

Leckere Salate

Salate bilden eine wundervolle Grundlage für eine Ernährung mit vitaler Nahrung. Wir genießen jeden Tag mindestens einmal einen herrlichen Salat.

Wodurch wird ein Salat köstlich? Natürlich durch seine Zutaten! Wenn Sie Ihre Ernährung auf lebendige Nahrungsmittel umstellen, besteht ein wichtiger Schlüssel zum Erfolg darin, dass mindestens 70 Prozent Ihrer täglichen Ernährung aus frischen Früchten und frischem Gemüse bestehen.

Im »118 Grad« werden alle unsere Salate mit reichhaltigen, aromatischen Dressings angeboten, außerdem mit einer großen Vielfalt von farbenfrohen Früchten und Gemüsesorten, frischen Blattsalaten und vor allem … Liebe! Sie können diese Salate als eigene Mahlzeit genießen oder sie als Vorspeise für Ihre Freunde und Ihre Familie servieren. Salate eignen sich sehr, um ein Mahl zu beginnen, und lassen sich leicht dem saisonalen Angebot in Ihrer Region anpassen.

Salat einkaufen

Blattsalate sollte man am besten aus der Region und aus biologischem Anbau kaufen. Sie versorgen uns mit Proteinen, Chlorophyll, Vitaminen und Mineralien. Vielleicht gibt es bei Ihnen in der Gegend einen Wochenmarkt, auf dem auch biologische Produkte angeboten werden. Probieren Sie zuweilen etwas Neues aus. Hier sind ein paar Vorschläge:

- **Blattkräuter:** Kräuter mit vielen, weichen Blättern wie Basilikum, Koriander und Minze bilden eine schöne Ergänzung zum Salat und eignen sich immer gut zum Garnieren.

- **Chinakohl:** Wir mögen diesen Salat am liebsten in feine Streifen geschnitten; oder Sie verwenden die Blätter als dekorative »Schale« zum Anrichten von anderen Salatmischungen.

- **Gemischter junger Schnittsalat:** Manchmal wird eine Mischung aus verschiedenen jungen Schnittsalaten angeboten.

- **Grünkohl:** Er ist von besonders hohem Nährwert, weil er unter anderem viel Chlorophyll, Vitamin C und K und Calcium enthält.

- **Mangold:** Es gibt ihn in einer Fülle von Farben, wobei die helleren süßer schmecken; er enthält viele Ballaststoffe.

- **Römersalat (Sommerendivie):** Ein leichter, knackiger Salat, der praktisch überall erhältlich ist.

- **Rucola oder Rauke:** Dieses Kraut hat einen starken Geschmack, der nicht jedem liegt. Man kann es sehr gut mit milderen Salaten mischen, zum Beispiel mit jungem Römersalat.

- **Senfblätter:** Ihr würziger Geschmack passt gut zu Avocados und Gurken. Sie sind sehr hilfreich zur Entgiftung.

- **Spinat:** Popeyes Kraftnahrung ... Spinat enthält reichlich Eisen, Protein und Lutein. Er ist gut für das Bindegewebe und die Muskelentwicklung und nährt den gesamten Körper.

- **Sprossen:** Probieren Sie Sonnenblumensprossen, Brokkolisprossen, Zwiebelsprossen und verschiedene gekeimte Linsensorten. Sie schmecken gut und enthalten viele Proteine, Vitamine und Mineralien. Wenn Sie schnell verfügbare Energie brauchen, greifen Sie zu Sprossen!

Zutaten, die in diesem Kapitel häufig vorkommen

- **Balsamico-Essig:** Sie sollten auf jeden Fall versuchen, einen gut gereiften Balsamico-Essig zu bekommen, und ihn sparsam verwenden. Er dient vor allem dem Geschmack.

- **Chipotle-Peperoni:** Dies sind geräucherte Jalapeno-Peperoni aus Mexiko. Man erhält sie getrocknet in Läden für spanische oder südamerikanische Nahrungsmittel oder im Internet.

- **Grobes, sonnengetrocknetes Meersalz:** Wir verwenden dieses Salz meistens in Salatdressings, um die natürlichen Aromen der anderen Zutaten besser zur Geltung zu bringen. Bei sonnengetrocknetem Meersalz sind die Mineralien noch intakt.

- **Kalt gepresstes, hochwertiges, biologisches Olivenöl:** In Ihrem Vorratsschrank für die Rohkostküche ist dies der wichtigste Bestandteil.

- **Zitronensaft:** Halten Sie immer ein paar Zitronen vorrätig, um frischen Zitronensaft zubereiten zu können.

Salate

— Sommerlicher Beerensalat —

Frische Brombeeren und Erdbeeren, gemischter junger Salat und ein ausgefallenes Dressing machen diesen Salat zu einer süßen Überraschung und einem Liebling unserer Gäste. In den Sommermonaten sind die Beeren am besten und lassen sich direkt vom Strauch genießen.

Dressing:
¼ Tasse Erdbeeren
1 Tasse Pinienkerne, 4–6 Stunden eingeweicht
¼ Tasse Zitronensaft
½ Tasse (125 ml) Flüssigkeit von einer jungen, frischen Kokosnuss
1 EL Agavennektar
1 TL Himalaya-Salz

Die Pinienkerne spülen und abtropfen lassen. Alle Zutaten in einen leistungsstarken Mixer geben und pürieren. Gekühlt bis zu 7 Tage haltbar.
Ergibt 1–1½ Tassen Dressing.

Salat:
8 Tassen gemischte junge Salatblätter
1 reife, fruchtige Avocado
2 Tassen Brombeeren
2 Tassen Erdbeeren

Erdbeeren und Avocado in dünne Scheiben schneiden. Ein paar Brombeeren als Garnitur aufbewahren, den Rest mit dem Salat, der Avocado und 1 Tasse Salatdressing mischen (am besten geht das mit den Händen). In eine Ringform (ca. 10 cm Durchmesser) mit beweglichem Boden zuunterst eine Schicht Erdbeerscheiben legen, darauf ungefähr die Hälfte der Form mit Salat füllen, dann nochmals Erdbeerscheiben darauf geben, zum Schluss Salat. Alles gut zusammendrücken, die Form umdrehen und den Salat auf den Teller stürzen, indem Sie den Boden durchdrücken. Mit Brombeeren und 1 Löffel Dressing garnieren.
Ergibt 4 Portionen.

— Zimt-Feigen-Salat —

Feigen sind eine hervorragende Proteinquelle. Dieser Salat ist ein Highlight jeder Party. Am besten gelingt er mit frischen Feigen, aber Sie können auch getrocknete Feigen nehmen, die Sie vorher eingeweicht haben.

Dressing:
225 ml (ca. 1 Tasse) kalt gepresstes, hochwertiges Olivenöl
50 ml (ca. ¼ Tasse) alter Balsamico-Essig
50 ml (ca. ¼ Tasse) frisch gepresster Apfelsaft
1 TL Agavennektar
1 Knoblauchzehe
1 TL Himalaya-Salz

Den Knoblauch mit den übrigen Zutaten in einem leistungsstarken Mixer pürieren und kühl aufbewahren. Im Kühlschrank ist dieses Dressing bis zu 8 Tage haltbar.
Ergibt 1½ Tassen Dressing.

Salat:
6 Tassen Römersalat
1½ Tassen Zimt-Feigen (unten)
8 Tahini-Frischkäse-Feigen (S. 31)

In einer großen Schüssel die Zimt-Feigen, den Salat und das Dressing gut durchmischen. Auf einer flachen Platte anrichten und mit den Tahini-Frischkäse-Feigen, frischen Feigen und ein wenig Dressing garnieren.
Ergibt 4 Portionen.

Hinweis: Wenn Sie getrocknete Feigen verwenden, sollten Sie sie mindestens 3 Stunden einweichen. Wenn Sie möchten, können Sie das Einweichwasser dann anstelle des Apfelsafts für das Dressing verwenden.

— Zimt-Feigen —

2 Tassen frische Feigen
1 TL kalt gepresstes, hochwertiges Olivenöl
4 EL Agavennektar
2 TL gemahlene Bourbon-Vanille *oder* 1 ganze Vanilleschote
2 TL Zimt
1 Prise Himalaya-Salz

Vorsichtig die Stiele der Feigen abschneiden und die Früchte der Länge nach in gut ½ cm dicke Scheiben schneiden. [8 Scheiben für die Tahini-Frischkäse-Feigen (S. 31) beiseite legen!] Alle übrigen Zutaten im Mixer vermischen und dann in einer Schüssel über die Feigenscheiben gießen. Auf Backpapier in den Dörrapparat geben und 4 Stunden bei 46 °C dörren. Vorsichtig vom Papier nehmen und zur Seite legen. Die Zimt-Feigen schmecken am besten, solange sie noch warm sind.

— Tahini-Frischkäse-Feigen —

8 Feigenscheiben (von den Zimt-Feigen, S. 30)
4 EL Tahini-Frischkäse (S. 81)

Den Tahini-Frischkäse zubereiten. Die Feigenscheiben auf Backpapier legen und auf jede Scheibe ½ Löffel Tahini-Frischkäse geben. Bei 43 °C 1–2 Stunden trocknen.

— Taco-Salat —

Olé! Dieser Salat mit seinem köstlichen Koriander-Chipotle-Dressing und einer wundervollen Kombination von mediterranem Gemüse wird Ihre Geschmacksknospen restlos begeistern. Kürbiskerne (Pepitas) enthalten viel Magnesium und sind eine hervorragende Quelle für essenzielle Fettsäuren. Genießen Sie Taco-Salat als Vorspeise oder als Hauptgericht.

Dressing:

1 Roma-Tomate
½ rote Paprika
1 getrocknete Chipotle-Peperoni
1 Knoblauchzehe
1 EL dunkles Chilipulver
1 TL Agavennektar
½ Tasse abgezupfter Blattkoriander
1 TL Himalaya-Salz
110 ml (ca. ½ Tasse) kalt gepresstes, hochwertiges Olivenöl
110 ml (ca. ½ Tasse) Zitronensaft
110 ml (ca. ½ Tasse) Flüssigkeit von einer jungen, frischen Kokosnuss
1 Tasse Pinienkerne, 4–6 Stunden eingeweicht

Pinienkerne abspülen. Alle Zutaten in einem leistungsstarken Mixer pürieren. Hält sich im Kühlschrank bis zu 7 Tage.
Ergibt 2 Tassen Dressing.

Salat:
8 Tassen Römersalat
2 Möhren, geraspelt
1 Tasse Mais (etwa 1 Maiskolben)
3 Tassen mariniertes Latino-Gemüse (S. 44)
1 große Hass-Avocado

Garnitur:
½ Tasse Pepitas (S. 33)
¼ Tasse Salsa Rojo (S. 100)

Die Zutaten für den Salat in eine große Schüssel geben und gut mit Dressing vermischen. Mit Salsa Rojo und Pepitas garnieren. Als Vorspeise kann man den Salat auch in den Schalen der Avocadohälften servieren. Ergibt 4 Portionen.

Pepitas – Würzige Kürbiskerne

2 Tassen Kürbiskerne, 2 Stunden eingeweicht
⅛ Tasse kalt gepresstes, hochwertiges Olivenöl
1 Roma-Tomate
1 rote Paprika
1 Knoblauchzehe
1 EL Agavennektar
1 EL Chilipulver
1 EL Dulseflocken
1 TL grobes Meersalz
1 TL Cayennepfeffer

Kürbiskerne abspülen. Alle übrigen Zutaten in einem leistungsstarken Mixer pürieren und dann mit den Kürbiskernen vermischen. Auf Backpapier bei 46° C 12 Stunden dörren, dabei nach etwa 6 Stunden umrühren und wenden.

— Cäsar-Salat —

In unserem Restaurant ist der Cäsar-Salat ein Verkaufsschlager! Diese originelle Variante hat einen hohen Nährwert und enthält viele B-Vitamine und Eisen. Er kann als leichte Mahlzeit oder leckere Vorspeise dienen.

Dressing:
2 Tassen Cäsar-Dressing (S. 90)

Salat:
6 Tassen Römersalat
1 große Hass-Avocado, gewürfelt
3 EL Kapern
⅛ Tasse Dulseflocken

Garnitur:
⅛ Tasse Basilikum-Käse (S. 36)

Mischen Sie Salat, Avocadowürfel, Dulse und Kapern in einer großen Schüssel mit dem Dressing, bis sich das Dressing gut verteilt hat. Servieren Sie den Cäsar-Salat auf Portionstellern oder in einer weiten Schale, garniert mit Basilikum-Käse. Kann als Vorspeise oder als Hauptgericht genossen werden.

Ergibt als Vorspeise 4 Portionen.

— Basilikum-Käse —

4 Tassen Pinienkerne
2 Tassen frisches Basilikum, fein gehackt
2 EL Zitronensaft
4 Knoblauchzehen
1 Roma-Tomate
1 TL Himalaya-Salz
1 Tasse Wasser

Alle Zutaten außer dem Basilikum in einem leistungsstarken Mixer pürieren. In eine mittelgroße Schüssel gießen und mit dem gehackten Basilikum mischen. Etwa ½ cm dick auf Backpapier streichen und bei 43 °C 12 Stunden dörren. Nach Belieben in größere Stücke brechen oder zerkrümeln. Hält sich in einem luftdichten Behälter etwa 2 Wochen. Probieren Sie den Basilikum-Käse auf Suppen, Salaten und Pizza.

— Grüner Prachtsalat —

Dieser Salat ist voll gepackt mit Chlorophyll, Spurenelementen, Proteinen, Eisen und B-Vitaminen. Machen Sie ihn zu einem regelmäßigen Bestandteil Ihres neu pulsierenden Lebens und genießen Sie ihn einmal pro Woche.

DRESSING:
110 ml (ca. ½ Tasse) Leinöl
110 ml (ca. ½ Tasse) Zitronensaft
1 Knoblauchzehe
1 EL Dulseflocken
1 TL Meersalz
1 Prise Cayennepfeffer
evtl. 1 TL Miso-Paste

Knoblauch mit den übrigen Zutaten im Mixer pürieren und kühl stellen. Hält sich im Kühlschrank 10 Tage.
Ergibt 1 Tasse Dressing.

SALAT:
1 Handvoll Grünkohlblätter
2 Tassen gehackter Spinat *oder* gemischter Schnittsalat
1 Tasse gehackte Senfblätter
1 große Hass-Avocado, gewürfelt
½ Tasse sonnengetrocknete schwarze Oliven
½ große Gurke, in ca. ½ cm dicke Scheiben geschnitten
½ Tasse Walnüsse
½ Tasse getrocknete Dulse-Rotalgen

Den Grünkohl und die Senfblätter fein hacken und mit ½ Tasse Dressing in eine große Schüssel geben. Das Dressing sorgfältig in das Grünzeug einarbeiten. Dann Spinat oder Salat, Oliven, Walnüsse, Avocado, Dulse und Gurke hinzufügen. Alles gut mischen und, wenn Sie mögen, direkt aus der Schüssel genießen.
Ergibt 1 Portion als Hauptgericht.

— Shiitake-Salat —

Shiitake-Pilze werden in Asien seit langer Zeit medizinisch verwendet, um die Gesundheit zu fördern. In unserem Salat bilden sie eine wesentliche Quelle für Mineralien und Proteine. Enoki-Pilze sind ein weiterer wichtiger Bestandteil; sie stimulieren das Immunsystem und wirken antiviral.

Dieser Salat ist schnell zubereitet und passt wunderbar zu unseren Asiatischen Nudeln (S. 114), zu den Thailändischen Frühlingsrollen (S. 63) und zu den Curry-Cones (S. 65).

Dressing:

1 Knoblauchzehe
2–3 cm Frühlingszwiebel
1 TL Agavennektar
225 ml (ca. 1 Tasse) kalt gepresstes, hochwertiges Olivenöl
110 ml (ca. ½ Tasse) frischer Zitronensaft
1 EL Miso-Paste
1 TL steingemahlener Senf
1 Prise Cayennepfeffer

Knoblauch und Zwiebel mit den übrigen Zutaten im Mixer pürieren und kühl stellen. Im Kühlschrank 10 Tage haltbar. Ergibt 2 Tassen Dressing.

Salat:

6 Tassen gemischter Schnittsalat
1 Tasse Enoki-Pilze, entstielt und gewaschen
6 große Shiitake-Pilze, entstielt und gewaschen
2 große Hass-Avocados, gewürfelt
1 Gurke, in Juliennestreifen geschnitten
¼ Tasse gehackte Frühlingszwiebeln
⅛ Tasse frischer Blattkoriander

Shiitake-Pilze der Länge nach in ½ cm dicke Scheiben schneiden. Mit 2 EL Dressing sorgfältig vermischen. Dann Schnittsalat, Avocado, Koriander, Frühlingszwiebeln und Gurke hinzufügen. Gut mischen. Auf Portionsteller verteilen und mit Enoki-Pilzen, Blattkoriander und Frühlingszwiebeln garnieren, um dem Ganzen noch mehr »Biss« zu geben. Ergibt 4 Portionen.

— Süsser Pesto-Salat —

Dieser süße, cremige Pesto-Salat steckt so voller Aromen, dass er jeden Gaumen entzückt. Er passt gut zu anderen italienischen Gerichten und kann auch als eigenständiges Mittagessen dienen. Oliven stellen eine gute Quelle für verdauungsfördernde essenzielle Fettsäuren dar.

Dressing:
2 Tassen kalt gepresstes, hochwertiges Olivenöl
¼ Tasse Zitronensaft
1 Tasse frisches Basilikum
½ Tasse Pistazien, 4 Stunden eingeweicht
3 Knoblauchzehen
2 EL Agavennektar
1 TL grobes Meersalz

Pistazien abspülen. Olivenöl, Knoblauch und Basilikum im Mixer zu einer grünen Emulsion verarbeiten. Dann eingeweichte Pistazien, Agavennektar, Zitronensaft und Meersalz hinzufügen und dick-cremig mixen. Sofort verwenden oder gekühlt aufbewahren. Das Dressing hält sich im Kühlschrank bis zu 10 Tage; das Öl wird durch Kälte jedoch dickflüssiger, sodass Sie es eine Viertelstunde vor dem Gebrauch aus dem Kühlschrank nehmen sollten.
Ergibt 1½ Tassen Dressing.

Salat:
8 Tassen gemischter Schnittsalat, Spinat *oder* Römersalat
1 Tasse Dattel-Tomaten, halbiert
½ Tasse Oliven
4 EL Kapern

Garnitur:
½ Tasse Knusprige Tomaten (S. 41)

Salat, Kapern, Tomatenhälften und Oliven in eine große Schüssel geben und mit ungefähr 1 Tasse Dressing gut vermischen. Türmen Sie den Salat zum Servieren auf eine Platte oder einen großen Teller und garnieren Sie ihn mit Knusprigen Tomaten.

— Knusprige Tomaten —

8 Roma-Tomaten
1 Knoblauchzehe
1 TL grobes Meersalz
¼ Tasse kalt gepresstes, hochwertiges Olivenöl

3 EL Agavennektar
2 EL getrocknete italienische Kräuter
1 Prise Cayennepfeffer

Tomaten sorgfältig (eventuell auf dem Gemüsehobel) in etwa ½ cm dicke Scheiben schneiden. Knoblauch mit Olivenöl, Agavennektar, ½ TL Meersalz und Pfeffer im Mixer gut pürieren. Dann diese Masse in einer Schüssel mit den Tomatenscheiben und dem restlichen Meersalz mischen, bis die Tomaten gut von der Flüssigkeit überzogen sind. Auf Backpapier in den Dörrautomaten geben und bei 46 °C 12 Stunden dörren, sodass sie sehr knusprig werden. Luftdicht verpackt halten sich die Knusprigen Tomaten etwa 14 Tage. Sie passen gut zu Pizza, Salaten und vielem anderen!

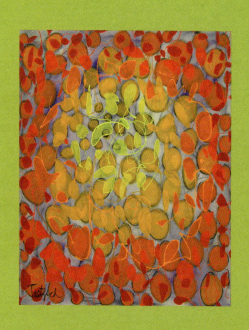

Kapitel Drei

Mariniertes Gemüse

Marinieren ist ein schneller und leichter Weg, um Gemüse eine andere Textur und mehr Geschmack zu verleihen. Im Winter ist es angenehm, das marinierte Gemüse direkt nach dem Dörren zu genießen, um dem Körper mehr Wärme zuzuführen.

Die Grundtechnik des Marinierens ist sehr einfach und besteht aus vier Schritten:

1. Wählen Sie ein Gemüse (Sommerkürbis, Paprika, Pilze, Zwiebeln, Tomaten, Auberginen etc.). Leicht stärkehaltiges Gemüse wie Zucchini nimmt eine Marinade besonders gut auf.

2. Bereiten Sie das Gemüse vor, indem Sie es waschen, putzen und in 3–6 mm dicke Scheiben schneiden.

3. Bereiten Sie eine Marinade zu. Diese kann ganz einfach aus Olivenöl und Knoblauch bestehen. Im Folgenden finden Sie einige Rezepte, die leicht zuzubereiten sind. Mit getrockneten Kräutern lassen sich prima Variationen herstellen.

4. Dörren. Hierbei geht es darum, das Gemüse so weit zu erwärmen, dass es weicher wird und die Marinade aufnimmt, ohne zu viel Wasser zu verlieren. Sie müssen das Gemüse einfach nur 1–2 cm dick auf Backpapier ausbreiten und in den Dörrautomaten geben.

Die meisten Gemüsesorten brauchen etwa 2 Stunden, um die ideale Textur und einen guten Geschmack zu entwickeln. Je länger Sie sie im Dörrgerät lassen, desto intensiver wird der Geschmack der Marinade und desto trockener wird das Gemüse.

Mariniertes Gemüse

Das oben genannte Prinzip gilt als Richtschnur für alle Gemüsemarinaden dieses Buches. Hier sind ein paar der beliebtesten Mischungen unseres Restaurants:

— Latino-Gemüse —

2 mittelgroße Zucchini (grün oder gelb) *oder* die entsprechende Menge Sommerkürbis
2 rote Paprika
1 Portobello-Pilz *oder* 1–2 Riesenchampignons
225 ml (knapp 1 Tasse) kalt gepresstes, hochwertiges Olivenöl
1 Knoblauchzehe
1 TL Agavennektar
2 EL Chilipulver
1 TL Meersalz *oder* Himalaya-Salz

Alles Gemüse in dünne Scheiben schneiden. Aus Öl und den Gewürzzutaten im Mixer eine Marinade herstellen, über das Gemüse gießen, gut durchmischen und zum Dörren auf Backpapier geben. Bei 43 °C dann 2 Stunden dörren.
Ergibt 4 Tassen Gemüse.

— Italienisches Gemüse —

3 mittelgroße Zucchini (grün oder gelb) *oder* kleine Sommerkürbisse
2 Portobello-Pilze *oder* Riesenchampignons
225 ml (knapp 1 Tasse) kalt gepresstes, hochwertiges Olivenöl
2 EL italienische Kräuter-Gewürzmischung *oder* ½ Tasse frisches Basilikum
1 Knoblauchzehe
1 TL Meersalz *oder* Himalaya-Salz

Alles Gemüse in dünne Scheiben schneiden. Für die Marinade Öl und Gewürze im Mixer kurz durchrühren, über das Gemüse gießen und auf Backpapier bei 43 °C 2 Stunden erwärmen.

Ergibt 4 Tassen Gemüse.

— Barbecue-Gemüse —

2 mittelgroße Zucchini (grün oder gelb) *oder* kleine Sommerkürbisse
3 rote Paprika
3 Roma-Tomaten
½ große Aubergine
1 Portobello-Pilz *oder* 1–2 Riesenchampignons
225 ml (knapp 1 Tasse) kalt gepresstes, hochwertiges Olivenöl
1 Knoblauchzehe
1 Frühlingszwiebel (nur das Weiße)
1 TL Agavennektar
2 EL Chilipulver
1 TL Meersalz *oder* Himalaya-Salz
1 Prise Cayennepfeffer

Alles Gemüse in dünne Scheiben schneiden. Aus Öl, 1 Tomate, 1 roten Paprika und den Gewürzzutaten im Mixer eine Marinade herstellen. Die Marinade über das Gemüse gießen; auf Backpapier bei 43 °C 2 Stunden erwärmen.

Ergibt 4 Tassen Gemüse.

Mariniertes Gemüse

— Süsses Gemüse —

1 Maiskolben
1 süße Zwiebel
1 Knoblauchzehe
1 Schalotte
2 TL Agavennektar
1 TL Meersalz *oder* Himalaya-Salz
225 ml (knapp 1 Tasse) kalt gepresstes, hochwertiges Olivenöl
2 mittelgroße Zucchini (grün oder gelb) *oder* kleine Sommerkürbisse
2 rote Paprika *oder* 2 Roma-Tomaten

Alles Gemüse in dünne Scheiben schneiden. Im Mixer aus Öl und den Gewürzzutaten eine Marinade herstellen. Die Marinade mit dem Gemüse mischen; auf Backpapier bei 43 °C 2 Stunden erwärmen.
Ergibt 4 Tassen Gemüse.

— Curry-Gemüse —

1 gelbe Paprika
2 Shiitake-Pilze
2 EL gelbes Currypulver
1 Knoblauchzehe
1 TL Agavennektar
1 TL Meersalz *oder* Himalaya-Salz
225 ml (knapp 1 Tasse) kalt gepresstes, hochwertiges Olivenöl
2 mittelgroße Zucchini (grün oder gelb) *oder* kleine Sommerkürbisse

Alles Gemüse in dünne Scheiben schneiden. Im Mixer aus Öl und den Gewürzzutaten eine Marinade herstellen. Die Marinade mit dem Gemüse mischen; auf Backpapier bei 43 °C 2 Stunden erwärmen.
Ergibt 4 Tassen Gemüse.

— Würziger spanischer Sommerkürbis —

2 kleine Sommerkürbisse *oder* mittelgroße Zucchini, in dünne Scheiben geschnitten
2 EL Chilipulver   1 TL Cayennepfeffer   1 TL Meersalz

Alle Zutaten in einer mittelgroßen Schüssel vermischen, bis der Kürbis gut mit den Gewürzen überzogen ist. Auf Backpapier bei 43 °C 2 Stunden erwärmen.
Ergibt 2–3 Tassen Gemüse.

Kapitel Vier

Snacks und Vorspeisen

Die folgenden Rezepte lassen sich gut zu jeder Tageszeit allein oder gemeinsam mit anderen genießen. Serviert man mehrere dieser Speisen gleichzeitig, erhält man ein interessantes, abwechslungsreiches Hauptgericht.

Diese Köstlichkeiten sind auch besonders geeignet, um die Geschmacksnerven von Rohkost-Neulingen zu verführen, denn sie enthalten eine große Vielfalt von Aromen. Achten Sie besonders darauf, wie Sie die Speisen anrichten, denn das Auge isst mit.

Carpaccios

Carpaccios stellen eine wundervolle Art dar, frisches Gemüse zu genießen, ohne auf Geschmack oder Textur zu verzichten. Als leichte Mahlzeit sind sie vor allem für den Sommer geeignet. Die beiden hier vorgestellten Carpaccios sind bei uns besonders beliebt.

— Auberginen-Carpaccio —

1 große Aubergine
2 Tassen kalt gepresstes, hochwertiges Olivenöl
1 EL alter Balsamico-Essig
2 Knoblauchzehen
1 Tasse gehacktes Basilikum
1 TL Himalaya-Salz

Stielansatz und unteres Ende der Aubergine abschneiden; die Frucht der Länge nach halbieren und dann mit dem Gemüsehobel oder mit einem scharfen Küchenmesser in ca. 3 mm dicke Scheiben schneiden. Aus Öl, Knoblauch und Salz im Mixer eine Marinade herstellen und gut mit den Auberginenscheiben vermischen.

Auf Backpapier bei 43 °C nun 2 Stunden erwärmen. Zum Servieren leicht überlappend anordnen und mit Balsamico-Essig beträufeln. Basilikum darüber streuen und genießen.

Ergibt als Vorspeise 6 Portionen.

Snacks und Vorspeisen

— Zucchini-Spargel-Carpaccio mit Basilikum-Käse —

Die Inspiration für dieses Rezept stammt von einer biologisch wirtschaftenden Farm in unserer Nähe: Sie bietet einen wundervollen Service an, bei dem alle Nachbarn ihr Gemüse wöchentlich oder 14-tägig direkt geliefert bekommen. Dank an South Coast Farms in San Juan Capistrano, Kalifornien!

2 mittelgroße Zucchini
6 Stangen grüner Spargel
2 Roma-Tomaten
¼ Tasse Kapern
¼ Tasse kalt gepresstes, hochwertiges Olivenöl
1 Prise Meersalz

GARNITUR:
Basilikum-Käse (S. 36)

Spargel muss sorgsam geschält werden! Nun mit dem Schäler in Streifen schneiden. Zucchini mit dem Gemüsehobel in 3 mm dicke Streifen teilen und Tomaten mit einem scharfen Küchenmesser in ebenso dicke Scheiben schneiden. Olivenöl und Meersalz in einer Schüssel mischen. Zuerst Tomaten und Zucchini damit benetzen, danach die Spargelstreifen.

Zuerst eine Lage Tomaten anrichten, darüber die Zucchinistreifen. Auf diese kommen die Kapern, die Spargelstreifen und zum Schluss die Käsekrümel.

Ergibt als Vorspeise 4 Portionen.

Rollen und ähnliche Genüsse

Snacks und Vorspeisen

— Numi-Rollen —

An einem warmen Sommermorgen stand ich, Jenny, in der Küche und sehnte mich nach einem knusprigen, belebenden Snack. Daraus sind diese Rollen entstanden, die sich seitdem in meinem Laden größter Beliebtheit erfreuen. Sie sind in weniger als 10 Minuten genussfertig.

ZUM EINWICKELN:
2 Zucchini

FÜLLUNG:
1 reife Hass Avocado, jede Hälfte in 8 Streifen geschnitten
1 rote Paprika, längs in sehr dünne Streifen geschnitten
1½ Tassen geraspelte Rote Beete *oder* Möhren
1 Roma-Tomate, dünn geschnitten
1 Tasse frischer Spinat
4 Frühlingszwiebeln, geschnitten
¼ Tasse Chipotle-Frischkäse (S. 83)
evtl. italienische Kräuter-Gewürzmischung *oder* Cayennepfeffer

Zucchini auf dem Gemüsehobel in ca. 3 mm dicke Streifen schneiden. Auf einem Arbeitsbrett jeweils 3 Streifen Zucchini so nebeneinander anordnen, dass sie sich etwa ½ cm überlappen. Legen Sie darauf quer in die Mitte zuerst Spinatblätter, dann geraspelte Möhren oder Rote Beete, Tomatenscheiben, Paprikastreifen, Avocado und Frühlingszwiebeln. Zum Abschluss geben Sie 3 EL Chipotle-Frischkäse darüber und rollen die Zucchini vorsichtig um das Gemüse. Streuen Sie ein wenig italienische Kräuter-Gewürzmischung oder Cayennepfeffer darüber. Guten Appetit!

Ergibt als Vorspeise 6 Portionen.

— Gefüllte Pilze —

Einfach köstlich! Für dieses Rezept eignen sich verschiedene Pilzarten, aber Shiitake sind besonders lecker. Pilze bieten eine hervorragende Quelle für Protein und haben eine besondere Textur, die gerade Rohkost-Anfänger sehr genießen.

Pilze:
16 Shiitake *oder* Egerlinge, entstielt
4 EL kalt gepresstes, hochwertiges Olivenöl

Füllung:
2 Tassen Pistazien, 4 Stunden eingeweicht
1 Tasse kalt gepresstes, hochwertiges Olivenöl
5 Knoblauchzehen
1 Tasse Basilikum
1 TL Himalaya-Salz

Garnitur:
½ Tasse Dattel-Tomaten, jeweils in 4 Scheiben geschnitten

Pilze und Olivenöl in einer mittelgroßen Schüssel mischen, bis die Pilze gut benetzt sind. Pistazien abspülen und abtropfen lassen. In einem leistungsstarken Mixer Olivenöl, Basilikum, Knoblauch und Salz zu einem dunkelgrünen Püree verarbeiten. Pistazien hinzufügen und mixen, bis eine cremige Masse entsteht.

Die Pilze mit der Creme füllen und auf Backpapier anordnen. Mit den Tomatenscheiben belegen und bei 41 °C 4 Stunden erwärmen; je länger Sie die Pilze erwärmen, desto weicher und aromatischer werden sie. Im Kühlschrank sind sie recht lange haltbar: Geben Sie sie einfach vor dem Essen kurz in den Dörrautomaten, um das Aroma zu beleben, und servieren Sie sie warm.

Ergibt als Vorspeise 8 Portionen.

— Shiitake-Sushi-Rollen —

Dies ist ein leichtes Rezept, um zu jeder Tageszeit zu neuer Energie zu kommen, und gleichzeitig raffiniert genug, um damit bei Ihrer nächsten Einladung zu glänzen. Sie können diese Sushi-Rollen je nach Geschmack mit Nori-Blättern oder Thai-Kokosnuss-Wraps zubereiten.

PIGNOLIA-REIS:
2 Knoblauchzehen
1 EL Miso-Paste
2 Tassen Pinienkerne, 2 Stunden eingeweicht
2 TL Zitronensaft
1 TL Himalaya-Salz

ZUM EINWICKELN:
4 Nori-Blätter *oder* 1 Lage der Thai-Kokosnuss-Wraps (S. 94)

FÜLLUNG:
2 Gurken, in Juliennestreifen geschnitten
2 Tassen Shiitake-Pilze, in dünne Scheiben geschnitten
2 reife Hass Avocados, in dünne Scheiben geschnitten
1 Tasse Miso-Dressing (S. 87)
1 Tasse Kleesprossen
1 Tasse geraspelte Möhren
4 Frühlingszwiebeln, gehackt

GARNITUR:
1 Tasse Süß-pikanter Frischkäse (S. 82)
Saft von 1 Zitrone
evtl. 1 TL Ingwersaft
evtl. 1 TL Cayennepfeffer

Pinienkerne (Pignolias) abspülen und abtropfen lassen. Alle Zutaten für den Pignolia-Reis in der Küchenmaschine mit dem s-förmigen Messer zerkleinern, bis eine klebrige, Reis-ähnliche Masse entsteht. Zur Seite stellen. (Hält sich bis zu 5 Tage im Kühlschrank.) Auf einem Arbeitsbrett 4 Noriblätter oder das in 4 Teile geschnittene Thai-Kokosnuss-Blatt ausbreiten. Jeweils auf der unteren Hälfte der Blätter ca. 3 mm dick den Reis auftragen. Die Pilze in einer Schüssel gut mit dem Miso-Dressing mischen. Gemüse und Pilze in dünnen Schichten auf den Reis legen. Vorsichtig aufrollen. Zum Schluss mit einem angefeuchteten Finger über die Kante streichen, damit das Blatt zusammenklebt und die Rolle schließt. In diagonale Sushi-Stücke schneiden.

Den Süß-pikanten Frischkäse mit Zitronensaft verrühren und als Dip dazu servieren; nach Geschmack 1 TL Ingwersaft und 1 TL Cayennepfeffer hinzugeben.

Ergibt als Vorspeise 8 Portionen.

— Thailändische Frühlingsrollen —

Diese Frühlingsrollen sind zu jeder Tageszeit unser meistverkaufter Artikel. Die leichte Süße des Kokosnuss-Blatts passt so gut zu zarten, knackig frischen Gemüsesorten, dass Sie sie das ganze Jahr über genießen können.

Zum Einwickeln:
1 Lage der Thai-Kokosnuss-Wraps (S. 94)

Füllung:
1 Tasse geraspelte Möhren
2 rote Paprika, in dünne Streifen geschnitten
1 Tasse geraspelte grüne Papaya (aus dem Asien-Laden)
2 reife Hass-Avocados
1 Gurke, in Juliennestreifen geschnitten
1 Zucchini, in Juliennestreifen geschnitten
1 Packung Enoki-Pilze

Sauce:
1 Tasse Avocado-Limonen-Sauce (S. 91), Süß-pikanter Frischkäse (S. 82) *oder* Püree aus rotem Paprika (S. 87)

Zuerst die Kokosnuss-Blätter in 6 gleiche Teile schneiden. Alle Blätter auf einem Arbeitsbrett ausbreiten. In die Mitte das gemischte Gemüse legen und vorsichtig möglichst dicht zusammenrollen. Servieren Sie die Frühlingsrollen dicht an dicht auf einer Platte, dazu eine der Saucen.
Ergibt als Vorspeise 6 Portionen.

— Pesto-Rollen —

Diese Rollen werden auf Sushi-Art serviert und erfordern abgesehen von der vorherigen Zubereitung der Blätter (für die Wraps) und der marinierten Gemüse sehr wenig Arbeitsaufwand.

Zum Einwickeln:
1 Lage der Basilikum-Kokosnuss-Wraps (S. 94)

Füllung:
2 Zucchini, in Juliennestreifen geschnitten
1 Tasse geraspelte Möhren
2 rote Paprika, sehr dünn geschnitten
1 Tasse Pistazien-Pesto (S. 86)
4 EL Tomaten-Marinara (S. 89)

Garnitur:
1 Tasse marinierte Portobello-Pilze *oder* Riesenchampignons (vgl. 3. Kap.)
4 EL Tomaten-Marinara (S. 89)

Das Basilikum-Kokosnuss-Blatt der Länge nach halbieren. Auf jedem Blatt ½ Tasse Pistazien-Pesto so verteilen, dass oben 1–2 cm frei bleiben. Das Gemüse über die Hälfte der Blätter quer zur Rollrichtung legen, zuerst die Möhren, dann die Zucchini (mit 2 EL Tomaten-Marinara bestreichen) und zum Abschluss die Paprika. Vorsichtig einrollen.

Die Rollen in Sushi-artige Stücke schneiden, nebeneinander mit den Schnittflächen nach oben anordnen und mit Tomaten-Marinara und Pilzen garnieren.

Sie können die Pesto-Rollen mit Stäbchen oder als Fingerfood servieren. Ergibt als Vorspeise 8 Portionen.

— Curry-Cones —

Besonders im Spätsommer ist es ein reiner Genuss, diese farbenfrohen Gemüsetüten aus der Hand zu essen, vielleicht während Sie zusammen mit Freunden über einem Lagerfeuer darüber reden, welche Ideen in diesem Jahr Früchte tragen könnten.

Zum Einwickeln:
1 Lage der Curry-Kokosnuss-Wraps (S. 94)

Füllung:
1 Tasse geraspelte Möhren
1 Tasse geraspelte Rote Beete
1 Tasse Würziger spanischer Sommerkürbis (S. 47)
1 Tasse marinierte rote Paprika (vgl. 3. Kap.)
1 Tasse frischer, gehackter Spinat
1 Tasse Sauerrahm aus Pinienkernen (S. 86)

Dip:
evtl. 1 Tasse Püree aus rotem Paprika (S. 87)

Das Curry-Kokosnuss-Blatt der Länge nach halbieren und jede Hälfte in drei gleiche Teile schneiden. In einer mittelgroßen Schüssel alle Zutaten der Füllung mischen. Auf jedes Blatt ein Sechstel der Füllung geben und vorsichtig zu Tüten rollen. Zusammen mit dem in kleine Portionsschälchen gefüllten Paprika-Püree servieren.

Ergibt als Vorspeise 6 Portionen.

— Empanadas —

Eine argentinische Spezialität, die ein Gefühl von häuslicher Wärme und Behaglichkeit hervorruft! Die im Rezept angegebene Füllung entspricht jener, die wir im »118 Grad« gewöhnlich zubereiten, aber Sie können genauso gut auf die derzeit reifen Produkte in Ihrer Region zurückgreifen. (Wir möchten Sie ermutigen, während der Zubereitung in Ihrer Küche nach südamerikanischer Musik zu tanzen!)

TEIG:
2 Tassen vorgekeimter Kamut-Weizen *oder* gewöhnlicher Weizen, 3–5 Tage vorgekeimt
½ Tasse gemahlener goldener Leinsamen
1 EL Chilipulver
1 TL Meersalz

FÜLLUNG:
2 Tassen Mandel-Frischkäse (S. 82)
1 Tasse Latino-Gemüse (S. 44)
2 Tassen Mais *oder* Körner von 2 Maiskolben
1 Tasse gemahlener goldener Leinsamen (zum Ausrollen)

GARNITUR:
2 Tassen Avocado-Limonen-Sauce (S. 91)

Den gekeimten Weizen in der Küchenmaschine mit dem s-förmigen Messer zerkleinern, bis sämtliche Körner zermahlen sind. Dann Leinsamen, Chilipulver und Meersalz hinzufügen und mixen, bis sich ein Teigball bildet. Den Teig zur Seite legen.

Auf einem Arbeitsbrett die gemahlenen Leinsamen ausstreuen. Den Teig in 8 Stücke teilen und zu Ovalen mit etwa 10 cm Durchmesser ausrollen. Jede Empanada mit 3 EL Mandel-Frischkäse und 3 EL Gemüse-Mischung füllen, umklappen und entlang den Kanten zusammendrücken. Bei 43 °C etwa 5 Stunden dörren, bis sich die Empanadas trocken anfühlen. Genießen Sie die Empanadas warm mit Avocado-Limonen-Sauce!

Ergibt als Vorspeise 8 Portionen.

— Quinoa-Küchlein —

Quinoa ist ein altes Getreide, das viel Protein und kein Gluten enthält. Es keimt leicht und lässt sich daher in seiner nahrhaftesten Form genießen: lebendig!

Küchlein:
2 Stangen Sellerie
1 große Rote Beete
2 Tassen Quinoa, 8 Stunden vorgekeimt
1 Tasse Pinienkerne, 4–6 Stunden eingeweicht
¼ Tasse frische oder eingeweichte Feigen
1 rote Paprika
1 Roma-Tomate
Saft von 1 Zitrone
2 TL Chilipulver
1 TL Himalaya-Salz

Garnitur:
1 Tasse Süß-pikanter Frischkäse (S. 82)
1 Tasse marinierte rote Paprika (vgl. 3. Kap.)

Quinoa und Pinienkerne abspülen und abtropfen lassen. Wenn Sie eingeweichte Feigen verwenden, auch diese abtropfen lassen. Selleriestangen und Rote Beete entsaften. Saft und Trester zusammen mit Pinienkernen, Feigen, roter Paprika, Zitronensaft, Chilipulver, Tomate und Himalaya-Salz in der Küchenmaschine mit dem s-förmigen Messer pürieren. Quinoa hinzufügen und zu einer dicken, körnigen Masse verarbeiten. Mit einem Eislöffel Kugeln ausheben und mit etwas Abstand auf Backpapier legen. Jede Kugel etwas flach drücken, sodass gut 1 cm dicke Küchlein entstehen.

Bei 43 °C 8–10 Stunden dörren, sodass sie weich, aber nicht zu knusprig werden. Mit Süß-pikantem Frischkäse und mariniertem rotem Paprika garniert, ergeben die Quinoa-Küchlein einen farbenfrohen Augenschmaus.

Ergibt als Vorspeise 8 Portionen.

— Khaki-Früchte mit pikantem Frischkäse —

Diese pikant-süße Leckerei schmeckt besonders im Herbst und kann frisch zubereitet oder leicht im Dörrautomaten erwärmt genossen werden.

4 Khaki-Früchte
1 Granatapfel
2 Tassen Tahini-Frischkäse (S. 81)
4 EL Agavennektar
1 TL Zimt

Zuerst jede Khaki-Frucht mittig durchschneiden, Stielansatz und unteres Ende entfernen und dann jeweils in 4 Scheiben schneiden. Die Scheiben auf einem Arbeitsbrett ausbreiten und etwa 3 mm dick mit Tahini-Frischkäse bestreichen. Wenn Sie möchten, können Sie die Fruchtscheiben 45 Minuten bei 43 °C im Dörrautomaten erwärmen.

Den Granatapfel entkernen und die Kerne über die Khaki-Früchte streuen. Mit Agavennektar und etwas Zimt garniert servieren.

Ergibt als Vorspeise 4 Portionen.

— Gefüllte Tomaten —

Tomaten mit Flair! Sie sind leicht und schnell zuzubereiten und die Freude Ihrer Gäste. Wenn Sie keinen Dörrautomaten besitzen, können Sie die Tomaten auch 1 Tag lang durchziehen lassen, damit sich der Geschmack besser entwickelt. Sie halten sich bis zu 3 Tage – und es ist immer gut, sie im Haus zu haben.

Tomaten:
8 Roma-Tomaten

Füllung:
1 Tasse Tahini
1 Tasse Zitronensaft
2 rote Paprika
4 Knoblauchzehen
1 Frühlingszwiebel (nur das Weiße)
2 EL Agavennektar
2 TL Chilipulver

Zuerst die Tomaten der Länge nach halbieren; mit einem scharfen Löffel das Innere entfernen und zur Seite stellen. Tomatenhälften etwas trocken tupfen. In einem leistungsstarken Mixer rote Paprika, das Innere der Tomaten, Zitronensaft, Knoblauch, Frühlingszwiebel und Chilipulver pürieren. Tahini hinzufügen und zu einer dicken Paste verarbeiten. Die Tomatenhälften damit füllen und bei 43 °C 4 Stunden erwärmen, bis die Füllung etwas fest und die Tomaten weich und saftig geworden sind. Warm servieren. Ergibt als Vorspeise 8 Portionen.

— New Mexico Nachos —

Dieser reichhaltige, köstliche Nacho-Teller kann Kinder und Erwachsene gleichermaßen entzücken. Servieren Sie ihn für die Familie oder für Freunde auf einer großen Platte, von der sich jeder bedienen darf, oder genießen Sie die Nachos in kleinen Portionen nach und nach selbst.

Chips:
16 Mais-Chips (S. 99)

Belag:
1 Tasse Chipotle-Frischkäse (S. 83)
1 Tasse Guacamole (S. 101)
1 Tasse Süß-pikanter Frischkäse (S. 82)
1 Tasse Salsa Rojo (S. 100)
1 Tasse Würziger spanischer Sommerkürbis (S. 47)
1 Tasse marinierte rote Paprika (vgl. 3. Kap.)
2 Tassen Mais *oder* Körner von 2 Maiskolben
¼ Tasse Kaktusfrüchte, gewürfelt
1 Tasse geraspelte Möhren

Zuerst 8 Mais-Chips kreisförmig auf einer großen Platte anrichten. Darauf Möhren, Guacamole, Sommerkürbis und Chipotle-Käse verteilen. Die restlichen 8 Maischips mit rotem Paprika, Mais, Kaktusfrüchten, Süß-pikantem Frischkäse und Salsa bedecken.
Ergibt als Vorspeise 4 Portionen.

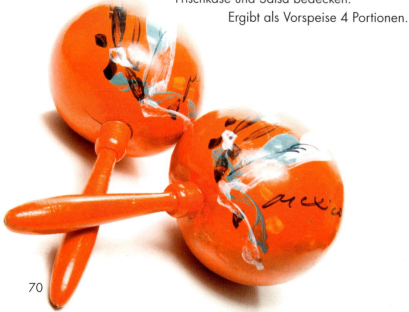

Suppen

Snacks und Vorspeisen

— Shiitake-Miso-Suppe —

Dies ist eine herzhafte, aromatische Miso-Suppe!

Suppe:
6 Shiitake-Pilze
½ Tasse Süß-pikanter Frischkäse (S. 82)
2 Knoblauchzehen
2 EL Miso-Paste
1 TL Meersalz
1 Prise Cayennepfeffer
4 Tassen warmes Wasser

Garnitur:
10 Enoki-Pilze (*oder* ⅛ Tasse frischer, gezupfter Blattkoriander)
1 Tasse Shiitake-Pilze, in Scheiben geschnitten
1 Frühlingszwiebel, gehackt
½ Tasse Dulseflocken

Alle Zutaten für die Suppe in einem leistungsstarken Mixer pürieren, bis eine schaumige, cremige Flüssigkeit entsteht. In 4 Suppentassen füllen und mit Dulseflocken, Pilzen und Frühlingszwiebeln garniert servieren.
Ergibt als Vorspeise 4 Portionen.

Butternusskürbis-Suppe

Diese Suppe ist vor allem im Winter wundervoll, weil sie Wärme spendet. Genießen Sie sie als Vorspeise oder als Hauptgericht mit delikaten Butternuss-Chips!

Würzige Butternuss-Chips:
1 Tasse Butternusskürbis, gewürfelt
½ Roma-Tomate
1 Knoblauchzehe
¼ Tasse Pinienkerne
Saft von ½ Zitrone
2 TL italienische Kräuter-Gewürzmischung
1 TL Meersalz

Kürbis mit allen übrigen Zutaten in einem leistungsstarken Mixer pürieren. In Kreisen von etwa 5 cm Durchmesser dünn auf Backpapier streichen. Bei 43 °C 8–12 Stunden dörren, bis die Chips knusprig sind.
Ergibt 25 Stück.

Suppe:
1 großer Butternusskürbis, gewürfelt (ca. 2½ Tassen)
¼ Tasse kalt gepresstes, hochwertiges Olivenöl
¼ Tasse Pinienkerne
1 Zweig frischer Rosmarin
½ Roma-Tomate
1 Knoblauchzehe
2 EL Agavennektar
2 Tassen 43 °C warmes Wasser
1 TL Meersalz

Kürbis mit allen übrigen Zutaten in einem leistungsstarken Mixer pürieren. Direkt frisch genießen. Hält sich im Kühlschrank bis zu 5 Tage.
Sie können die Suppe auch bei 46 °C 20 Minuten im Dörrautomaten oder vorsichtig auf dem Herd erwärmen. Machen Sie die Fingerprobe: Sie sollte nicht heißer als Badewasser sein!
Ergibt als Vorspeise 4 Portionen.

— Tortilla-Suppe —

Diese Suppe passt gut zu einer spanischen Mahlzeit. Mit ihrer cremigen Konsistenz und ihrer üppigen Garnitur aus frischem Gemüse, Avocado und Chips hilft sie auch wunderbar, uns im Winter warm zu halten.

Suppe:
4 Roma-Tomaten
1 Tasse Pinienkerne
1 rote Paprika
1 getrocknete Chipotle-Peperoni
2 Knoblauchzehen
2 EL kalt gepresstes, hochwertiges Olivenöl
Saft von 1 Zitrone
2 EL Chilipulver
1 TL Meersalz
2 Tassen warmes Wasser

Garnitur:
2 Tassen Würziger spanischer Sommerkürbis (S. 47)
2 reife Avocados
8 Mais-Chips (S. 99)

Alle Zutaten für die Suppe im Mixer pürieren. In Suppentassen gießen und mit je ½ Tasse Sommerkürbis, geviertelten Avocados und 2 Chips garniert servieren.
Ergibt als Vorspeise 4 Portionen.

Kapitel Fünf

Aufstriche, Saucen, Brote, Wraps und Cracker

Viele Rezepte in diesem Kapitel lassen sich vorbereiten, sodass Sie sie im Lauf der Woche nach Bedarf genießen können. Zahlreiche Rezepte anderer Kapitel greifen auf Zubereitungen zurück, die in diesem Kapitel ausführlich, mit Variationsmöglichkeiten und genauen Informationen zur Haltbarkeit dargestellt werden. Es ist immer gut, ein paar Saucen, Aufstriche und Cracker auf Vorrat zu machen, um im Alltag schnell etwas zur Hand zu haben.

Für die Zubereitung vieler dieser Rezepte brauchen Sie einen leistungsstarken Mixer, mit dem sich Nüsse, Samen und dicke Pasten leicht verarbeiten lassen.

Aufstriche, Saucen, Brote, Wraps und Cracker

Nuss-Käse-Aufstriche

— Tahini-Frischkäse —

In unserem Restaurant gehört Tahini-Frischkäse zu den großen Favoriten. Auch Sie werden kaum die Finger davon lassen können, wenn er in Ihrer Küche steht. Tahini enthält reichlich Calcium und deckt damit viel von unserem täglichen Bedarf. Sie können Tahini-Frischkäse auf Vorrat zubereiten und gut 10 Tage im Kühlschrank aufbewahren.

450 g roh gemahlenes Sesam-Tahini
4 Knoblauchzehen
⅛ Tasse gehackte Frühlingszwiebeln
2 Tassen Zitronensaft
¼ Tasse Blattkoriander, entstielt
1 TL Himalaya-Salz

Zitronensaft, Knoblauch, Koriander, Frühlingszwiebeln und Salz in der Küchenmaschine nur leicht vermengen. Von oben in das laufende Gerät Tahini zugeben und kurz mixen, bis die Masse weißlich und dick wird. Seien Sie vorsichtig, denn zu langes Mixen lässt den Frischkäse grün und bitter werden; es soll kein Püree werden!
Ergibt 2 Tassen Tahini-Frischkäse.

— Mandel-Frischkäse —

Dieser natürlich-basische Frischkäse schmeckt hervorragend und hält sich im Kühlschrank bis zu 5 Tage.

2 Roma-Tomaten
2 Knoblauchzehen
2 TL Chilipulver
4 EL kalt gepresstes, hochwertiges Olivenöl
2 Tassen Mandeln, 8 Stunden eingeweicht
Saft von 1 Zitrone
2 TL Himalaya-Salz
1½ Tassen Wasser

Mandeln abspülen und abtropfen lassen. In einem leistungsstarken Mixer zuerst die Flüssigkeiten, Gewürze und das Gemüse mixen und dann mit den Nüssen pürieren; so lässt sich alles am leichtesten verarbeiten.
Ergibt 2 Tassen Mandel-Frischkäse.

— Süss-pikanter Frischkäse —

Dieser Frischkäse ist vielfältig verwendbar und passt zu Gerichten aus allen Kulturen, von asiatisch bis spanisch. Im Kühlschrank aufbewahrt, hält er bis zu 5 Tage.

1 Roma-Tomate
2 Tassen Pinienkerne
2 Knoblauchzehen
1½ Tassen Flüssigkeit von einer jungen, frischen Kokosnuss
Saft von 1 Zitrone
2 EL Agavennektar
1 TL Meersalz

Alle Zutaten in einem leistungsstarken Mixer zu einer cremigen Masse verarbeiten.
Variation: Sie können statt der Pinienkerne auch Macadamianüsse verwenden, sollten dann aber 2 EL Olivenöl hinzufügen.
Ergibt 2 Tassen Frischkäse.

— Chipotle-Frischkäse —

Dieser rauchige, geschmackvolle Frischkäse ist eine Besonderheit unseres Restaurants. Er hält sich im Kühlschrank bis zu 7 Tage und bildet zu jeder spanisch inspirierten Mahlzeit eine schöne Ergänzung.

- 1 Roma-Tomate
- 2 Tassen Pinienkerne
- 2 Knoblauchzehen
- 2 TL Chilipulver
- 1–1½ große getrocknete Chipotle-Peperoni
- 1 TL Meersalz
- Saft von 1 Zitrone
- 1½ Tassen Wasser
- evtl. 1 TL Cayennepfeffer

1 Chipotle-Peperoni und alle weiteren Zutaten in einem leistungsstarken Mixer zu einer cremigen Masse verarbeiten. Wenn Sie es gerne scharf mögen, fügen Sie noch 1 TL Cayennepfeffer und ½ Chipotle-Peperoni hinzu.

Ergibt 2 Tassen Frischkäse.

— Macadamia-Spinat-Ricotta —

Dieser Nuss-Ricotta ist ein dicker, cremiger Frischkäse, der sich gut als Aufstrich eignet und zu pikanten Gerichten genauso passt wie zu einer einfachen Rohkostplatte. In seiner Vielseitigkeit wird dieser Ricotta jede Geschmacksvorliebe erfreuen, und was übrig bleibt, lässt sich im Dörrautomaten leicht zu pikanten Garnituren für Salate und Suppen verarbeiten. Dieses Rezept ist nach einer Italienreise entstanden und genießt seitdem große Beliebtheit.

4 Tassen Macadamianüsse
4 Tassen gehackter Spinat
2 Roma-Tomaten
4 Knoblauchzehen
¼ Tasse kalt gepresstes, hochwertiges Olivenöl
Saft von 2 Zitronen
1½ Tassen Wasser
1 TL Meersalz

Alle Zutaten außer dem Spinat in einem leistungsstarken Mixer zuerst auf niedriger, dann auf höherer Stufe zu einer homogenen Masse verarbeiten; dabei immer wieder die Masse von den Seiten schaben, damit sich alles gut vermengt. Den so entstandenen Nusskäse in eine Schüssel geben und mit einem Spatel oder Holzlöffel mit dem Spinat mischen. Ist im Kühlschrank bis zu 7 Tage haltbar. Reste können Sie dünn auf Backpapier streichen und im Dörrautomaten bei 46 °C 14 Stunden trocknen lassen.

Ergibt 4 Tassen Nuss-Ricotta.

Saucen, Garnituren und Dressings

— Pistazien-Pesto —

Dieses cremige, reichhaltige Pesto ist leicht herzustellen und hält im Kühlschrank bis zu 14 Tage.

2 Tassen Pistazien, 4 Stunden eingeweicht
225 ml (knapp 1 Tasse) kalt gepresstes, hochwertiges Olivenöl
6 Knoblauchzehen
2 Tassen frisches Basilikum

Pistazien abspülen und abtropfen lassen. In einem leistungsstarken Mixer Olivenöl, Basilikum und Knoblauch zu einer dicken, öligen Masse verarbeiten. Pistazien hinzufügen und pürieren, bis alles cremig ist.
Variation: Sie können dieses Rezept auch mit Pinienkernen zubereiten.
Ergibt 2 Tassen Pesto.

— Sauerrahm aus Pinienkernen —

Dieser vegane Sauerrahm ist schnell und leicht zubereitet und hält im Kühlschrank bis zu 7 Tage.

2 Tassen Pinienkerne
1 Roma-Tomate
3 Knoblauchzehen
Saft von 2 Zitronen
1½ Tassen Wasser
2 EL Agavennektar
1 TL Himalaya-Salz

Alle Zutaten in einem leistungsstarken Mixer zu einer cremigen Masse verarbeiten. Passt wunderbar zu Sandwiches und Suppen und eignet sich sogar als Salatdressing.
Ergibt 2 Tassen Sauerrahm.

Aufstriche, Saucen, Brote, Wraps und Cracker

— Miso-Dressing —

Dieses leichte Dressing ist schnell zubereitet und hält im Kühlschrank bis zu 10 Tage.

1 EL Miso-Paste
225 ml (knapp 1 Tasse) kalt gepresstes, hochwertiges Olivenöl
Saft von 2 Zitronen
2 Knoblauchzehen
1 Frühlingszwiebel (nur das Weiße)
2 EL roh gemahlenes Sesam-Tahini
8 Korianderblätter

Alle Zutaten im Mixer verarbeiten, bis eine Emulsion entsteht. Eignet sich auch gut als Marinade, zum Beispiel für Pilze und Auberginen.
Ergibt 1 Tasse Dressing.

— Püree aus rotem Paprika —

Dieses einfache Gemüsepüree lässt sich mit vielen Gerichten kombinieren und hält im Kühlschrank bis zu 5 Tage.

6 rote Paprika
2 Knoblauchzehen
170 ml kalt gepresstes, hochwertiges Olivenöl
1 TL Meersalz
evtl. 1 TL Cayennepfeffer *oder* 2 TL Chilipulver
evtl. 2 EL italienische Kräuter-Gewürzmischung

Paprika, Knoblauch, Öl und Salz in einem leistungsstarken Mixer zu einem dicken Püree verarbeiten.
Variation: Für eine schärfere Variante fügen Sie 1 TL Cayennepfeffer oder 2 TL Chilipulver hinzu, für eine mediterrane Variante 2 EL italienische Kräuter-Gewürzmischung. Ergibt 1 Tasse Paprika-Püree.

Tomaten-Marinara

Diese aromatische Marinara passt zu allen italienischen Gerichten und hält im Kühlschrank bis zu 5 Tage.

6 Roma-Tomaten
2 Knoblauchzehen
2 EL italienische Kräuter-Gewürzmischung
170 ml kalt gepresstes, hochwertiges Olivenöl
4 Sonnengetrocknete Tomaten (siehe unten)
2 EL Agavennektar
5 Blätter frisches Basilikum

Alle Zutaten in einem leistungsstarken Mixer zu einer cremigen Masse verarbeiten. Ergibt 2 Tassen Tomaten-Marinara.

Sonnengetrocknete Tomaten

Aus übrig gebliebenen Tomaten lässt sich nach diesem Rezept ein knuspriger, pikanter Snack herstellen, der auch gut zu Salaten und Suppen passt. Eine kleine Menge von dieser Köstlichkeit darüber gestreut, macht jedes Gericht würziger und vielfältiger.

8 Tomaten
2 EL italienische Kräuter-Gewürzmischung
4 EL kalt gepresstes, hochwertiges Olivenöl
2 EL Agavennektar
1 TL Meersalz

Die Tomaten mit dem Messer, der Mandoline oder dem entsprechenden Aufsatz der Küchenmaschine in ca. 3 mm dicke Scheiben schneiden. In einer großen Schüssel mit den übrigen Zutaten mischen, bis sich alles gut verbunden hat. Auf Backpapier bei 46 °C 12 Stunden dörren, dabei nach der Hälfte der Zeit wenden. Die getrockneten Tomaten halten sich in einem luftdichten Behälter bis zu 2 Monate, aber sie müssen dazu wirklich trocken sein!
Ergibt 2 Tassen Tomaten.

— Leichte Knoblauchcreme —

Diese leichte, cremige Sauce wird jeden Knoblauch-Liebhaber entzücken! Sie eignet sich hervorragend als Aufstrich oder als leichte Füllung für Hauptgerichte, zum Beispiel mit Pilzen, Auberginen oder Spinat.

2 große Knoblauchzehen
1 Roma-Tomate
Saft von 1 Zitrone *oder* 1 TL Apfelessig
½ Tasse kalt gepresstes, hochwertiges Olivenöl
2½ Tassen Pinienkerne, 2 Stunden eingeweicht

1 TL Himalaya-Salz
evtl. ½ TL getrockneter Dill
evtl. 4 EL Kapern

Pinienkerne abspülen und abtropfen lassen. Pinienkerne, Tomate, Zitronensaft, Knoblauch und Salz in einem leistungsstarken Mixer verarbeiten, währenddessen das Öl langsam dazugeben, bis die Mischung leicht und cremig ist. Wenn gewünscht, Dill hinzufügen und noch einmal durchmischen. Oder am Schluss die Kapern leicht einrühren. Hält sich im Kühlschrank bis zu 10 Tage.

Ergibt 2½ Tassen Knoblauchcreme.

— Cäsar-Dressing —

Dieses köstliche vegane Cäsar-Salatdressing schmeckt mit allen Arten von Salat und kann auch als Marinade oder als Sauce zu Gemüse-Pasta genossen werden. Im Kühlschrank hält es bis zu 7 Tage.

½ Tasse Pinienkerne
2 Knoblauchzehen
Saft von 2 Zitronen
225 ml (knapp 1 Tasse) kalt gepresstes, hochwertiges Olivenöl

⅛ Tasse Dulseblätter oder -flocken
1 TL Himalaya-Salz
evtl. 1 Prise Cayennepfeffer

Alle Zutaten in einem leistungsstarken Mixer zu einem cremigen Dressing pürieren. Eine Prise Cayenne kann ihm noch einen besonderen Kick geben.

Ergibt 2 Tassen Dressing.

Aufstriche, Saucen, Brote, Wraps und Cracker

— Avocado-Limonen-Sauce —

Diese erfrischende Sauce hält im Kühlschrank bis zu 5 Tage – falls dann noch etwas da ist! Sie schmeckt wunderbar als Aufstrich und als Sauce und passt zu den verschiedensten Gerichten.

2 reife Hass-Avocados
Saft von 2 Limonen
115 ml (ca. ½ Tasse) kalt gepresstes, hochwertiges Olivenöl
1 Tasse Flüssigkeit von einer jungen, frischen Kokosnuss
2 Knoblauchzehen
1 TL Agavennektar
1 TL Himalaya-Salz
1 Prise Cayennepfeffer

Alle Zutaten in einem leistungsstarken Mixer zu einer cremigen Sauce verarbeiten. Ergibt 2 Tassen köstliche Avocado-Limonen-Sauce.

Brote

Brote lassen sich gut alle zwei Wochen zubereiten und dann im Lauf der Tage als Pizzaboden, Sandwiches oder Fladenbrot genießen. Im »118 Grad« bieten wir darüber hinaus ein weiches Fladenbrot an, das wir jeden Tag mit Liebe zubereiten. Alle hier vorgestellten Brote enthalten sehr viel Protein und lassen sich aus vielen verschiedenen gekeimten Getreidesorten herstellen. Bitte beachten Sie dabei, dass diese Brote sehr gehaltvoll sind und man daher nicht so viel davon braucht.

Als Getreide verwenden wir am liebsten Kamut – eine alte Weizensorte, die wenig Gluten enthält. Sie können stattdessen auch Weizen oder Roggen nehmen; wer keinen Weizen verträgt, kann sich an Roggen halten. Wer gar kein Gluten zu sich nehmen darf, sollte sich am besten an das Mandelbrot halten, für das wir Leinsamen verwenden.

— Oliven-Kamut-Brot —

Im »118 Grad« ist dies unser Hausbrot. Es eignet sich wunderbar als Pizzaboden, Sandwich-Grundlage oder – mit unseren Aufstrichen – als Snack. Haltbarkeit: etwa 10 Tage.

4 Tassen Kamut-Weizen, 3–5 Tage vorgekeimt
1½ Tassen sonnengetrocknete schwarze Oliven
4 EL kalt gepresstes, hochwertiges Olivenöl
2 Knoblauchzehen
2 EL italienische Kräuter-Gewürzmischung
1 TL Meersalz

Gekeimtes Getreide abspülen und abtropfen lassen. In der Küchemaschine mit dem s-förmigen Messer anfangen, Getreide und Oliven zu zerkleinern. Nach einer Weile Knoblauch, Gewürze und Olivenöl hinzufügen, bis sich eine runde Teigkugel bildet.

Den Teig sanft etwa ½ mm dick auf Backpapier drücken und bei 43 °C 4 Stunden trocknen, dabei nach der Hälfte der Zeit einmal wenden.

— Mandelbrot —

Mandelbrot ist eine hervorragende Alternative zu Broten aus Getreide. Man kann damit wunderbar den Trester von Möhrensaft und Mandelmilch verarbeiten. Zu den tief befriedigenden Aspekten der Ernährung mit lebendigen Nahrungsmitteln gehört, dass man kaum etwas wegwerfen muss. So helfen wir, den Planeten zu erhalten, und sorgen gleichzeitig gut für unseren Körper. Ein Leben im Einklang mit Mutter Natur lässt Raum für mehr Manifestationen auf allen Ebenen.

2 Tassen Möhrentrester (vom Möhren-Entsaften)
1 Tasse gemahlene goldene Leinsamen
2 EL kalt gepresstes, hochwertiges Olivenöl
4 Tassen Mandeltrester (aus der Zubereitung von Mandelmilch, siehe S. 17)
2 TL Meersalz
2 Knoblauchzehen
2 EL italienische Kräuter-Gewürzmischung

Alle Zutaten außer dem Leinsamen in der Küchenmaschine mit dem s-förmigen Messer zerkleinern, bis sich eine homogene Masse bildet. Dann Leinsamen hinzufügen und verarbeiten, bis sich eine runde Teigkugel formt.

Den Teig auf Backpapier drücken und bei 43 °C 8 Stunden dörren, dabei nach der Hälfte der Zeit einmal wenden.

— Zwiebel-Mohn-Brot —

Dieses Brot vereint verschiedene beliebte Aromen in sich und verbreitet einen unglaublich köstlichen Duft, wenn es sich erwärmt. Es ist ungefähr 10 Tage lang haltbar.

½ süße Zwiebel
4 EL Mohnsamen
4 EL kalt gepresstes, hochwertiges Olivenöl
4 Tassen Roggen *oder* Weizen, 3–5 Tage vorgekeimt
1 TL Meersalz
2 Knoblauchzehen

Das gekeimte Getreide abspülen und abtropfen lassen. In der Küchenmaschine mit dem s-förmigen Messer das Getreide und die Zwiebel zerkleinern. Nach einer Weile Mohn, Knoblauch, Olivenöl und Salz dazugeben, bis sich eine runde Teigkugel bildet.

Den Teig sanft etwa ½ mm dick auf Backpapier drücken und bei 43 °C 4 Stunden trocknen, dabei nach der Hälfte der Zeit einmal wenden.

Wraps

— Kokosnuss-Wraps —

In unserem Restaurant gehören diese Wraps zu unseren Markenzeichen. Sie wurden extra entwickelt, um möglichst leicht verdaulich und vielseitig einsetzbar zu sein. Wir führen hier 5 Varianten auf, die bei verschiedenen Rezepten dieses Buches zum Einsatz kommen. Sie können sie gut auf Vorrat zubereiten, denn sie halten im Kühlschrank bis zu 30 Tage.

1 TL Agavennektar
2 EL Flohsamenschalen
4 Tassen Fleisch von jungen, frischen Kokosnüssen
2 Tassen Wasser
Gewürze nach Geschmack

Kokosnussfleisch mit Wasser, Gewürzen und Agavennektar in einem leistungsstarken Mixer pürieren. Wenn sich eine cremige Konsistenz gebildet hat, die Flohsamenschalen hinzufügen und mixen, bis es anfängt, anzudicken. Dünn auf ca. 4 Lagen Backpapier streichen (abgestimmt auf die Größe des Dörrautomaten!) und bei 43 °C 6 Stunden dörren. Die Blätter für die Wraps sollten sich trocken anfassen, aber noch biegsam sein.

Bei den 5 Varianten werden nun jeweils noch die hier aufgeführten Zutaten beigefügt:

Safran-Kokosnuss-Wraps:
1 Roma-Tomate
1 Prise Safran

Basilikum-Kokosnuss-Wraps:
1 Tasse fein gehacktes Basilikum
1 TL Agavennektar

Spanische oder Tomaten-Kokosnuss-Wraps:
1 Roma-Tomate
1 EL Chilipulver

Curry-Kokosnuss-Wraps:
1 TL Agavennektar
2 EL gelbes Currypulver

Thai-Kokosnuss-Wraps:
1 TL Agavennektar
Nach dem Ausstreichen mit schwarzem Sesam besprenkeln.

— Zucchini-Leinsamen-Wraps —

Diese vielseitigen Wraps sind bis zu 30 Tage lang haltbar, sollten allerdings im Kühlschrank aufbewahrt werden.

2 große Zucchini
1½ Tassen gemahlener goldener Leinsamen
1 Knoblauchzehe
2 EL italienische Kräuter-Gewürzmischung
2 Tassen Wasser

Alle Zutaten in einem leistungsstarken Mixer zu einer cremigen Masse verarbeiten. Der Leinsamen wird aufquellen; deshalb ist es wichtig, die Masse schnellstmöglich auf Backpapier ca. 3 mm auszustreichen. Die Wraps-Blätter bei 43 °C 4–6 Stunden dörren, dabei darauf achten, dass sie nicht zu trocken und brüchig werden.

Snacks und Beilagen

Aufstriche, Saucen, Brote, Wraps und Cracker

— Sizilianische Leinsamen-Cracker —

Diese vielseitig einsetzbaren Leinsamen-Cracker schmecken zu jeder Tageszeit als kleiner Snack und lassen sich gut als knusprige Unterlage verwenden. Probieren Sie sie mit Pesto und Bruschetta-Aufstrich.

4 Tassen dunkler Leinsamen, mindestens 1 Stunde, höchstens 4 Stunden eingeweicht
2 Tassen Roma-Tomaten, in dünne Scheiben geschnitten
1 Tasse Tomaten-Marinara (S. 89)

In einer großen Schüssel Tomaten-Marinara, Tomatenscheiben und die Leinsamenmasse gut vermischen. Etwa ½ cm dick auf Backpapier streichen und bei 43 °C 12 Stunden dörren. Um die Zeit abzukürzen, können Sie sie nach 8 Stunden wenden. Entweder nach dem Trocknen in Stücke brechen oder nach etwa 2 Stunden in die gewünschte Form schneiden.

— Mais-Chips —

In einem luftdichten Behälter halten sich diese Chips sehr lange, am besten schmecken sie jedoch während der ersten 30 Tage.

2 Tassen frischer Mais
2 Tassen gemahlener goldener Leinsamen
2 Knoblauchzehen
2 EL Chilipulver
2 Tassen Wasser

Alle Zutaten in einem leistungsstarken Mixer zu einer dicken, homogenen Masse verarbeiten. Etwa ½ cm dick auf Backpapier streichen und mit einem Spatel in Chips-ähnliche Dreiecke schneiden. Bei 46 °C 12 Stunden dörren, bis sie knusprig sind. Sie können den Prozess auch beschleunigen, indem Sie die Chips nach 8 Stunden wenden.
Ergibt etwa 32 Stück.

— Salsa Rojo —

Diese tiefrote Salsa können Sie auf Ihren eigenen Geschmack abstimmen, indem Sie mehr oder weniger Chili zugeben. Das Grundrezept ist einfach und lässt sich in 5 Minuten zubereiten. Wenn Sie keine Küchenmaschine haben, können Sie die Salsa auch leicht von Hand herstellen: ein gutes Rezept, wenn Sie unterwegs sind oder es eilig haben!

4 Roma-Tomaten, gewürfelt
2 Knoblauchzehen
¼ Tasse gehackte Frühlingszwiebeln
⅛ Tasse abgezupfter Blattkoriander
1 TL Meersalz
Saft von 1 Limone
Saft von 1 Zitrone
½ kleine, fein gewürfelte Serrano-Chili

In der Küchenmaschine Knoblauch, Koriander, Frühlingszwiebeln, Limonen- und Zitronensaft, Chili und Meersalz mit der Pulse-Funktion hacken, bis die Masse gut vermengt, aber nur grob zerkleinert ist. Je stärker Sie mixen, desto flüssiger wird sie. (Ohne Küchenmaschine einfach alle Zutaten fein hacken und in einer großen Schüssel gut durchmischen.) Haltbarkeit im Kühlschrank: 3–4 Tage.

Ergibt 2 Tassen Salsa.

— Würzige mexikanische Tortillas —

Sie können diese Tortillas auf Vorrat machen, denn sie halten im Kühlschrank bis zu 15 Tage. Sie passen wunderbar zu mexikanischen Gerichten, aber auch zu vielem anderen.

2 Tassen Kamut-Weizen, 3–5 Tage vorgekeimt
1 Tasse gemahlener goldener Leinsamen
2 EL kalt gepresstes, hochwertiges Olivenöl
1 TL Meersalz
2 Tassen Wasser
1 Knoblauchzehe
2 EL Chilipulver
1 EL Flohsamenschalen

Das gekeimte Getreide abspülen und abtropfen lassen. Alle Zutaten außer den Flohsamenschalen im Mixer zu einer dicken Masse verarbeiten. Flohsamenschalen hinzufügen und weiter mixen, bis die Masse andickt. Auf Backpapier kreisförmig mit jeweils ca. 20 cm Durchmesser ausstreichen. Bei 43 °C 4 Stunden dörren. Dann wenden und weitere 20 Minuten trocknen lassen. Ergibt 6 Tortillas.

— Guacamole —

Bei meinen frühen Erkundungen von lebendiger Nahrung stellte ich, Jenny, fest, dass manche Nahrungsmittel einander gut ergänzen und den Nährwert alltäglicher Rezepte erhöhen. Diese Guacamole, also Avocado-Creme, ist durch die Dulseflocken besonders reich an Vitamin B_6 und angenehm salzig, ohne viel Natrium zu enthalten.

2 reife Hass Avocados
⅛ Tasse abgezupfter Blattkoriander
1 gehackte Frühlingszwiebel
Saft von 1 Zitrone
1 EL Dulseflocken
½ TL Himalaya-Salz
evtl. ½ TL Cayennepfeffer

In einer mittelgroßen Schüssel Zitronensaft, Blattkoriander, Frühlingszwiebel, Dulseflocken, Cayennepfeffer und Himalaya-Salz miteinander mischen, bis sich der Saft gut mit allem verbunden hat. Die Avocados hinzufügen und mit einer Gabel oder einem Mörser zerkleinern, bis sich eine leicht cremige Konsistenz bildet. Schmeckt am besten innerhalb von 48 Stunden.
Ergibt 2 Tassen Guacamole.

Kapitel Sechs

Köstliche rohe Hauptgerichte

In unserem Restaurant »118 Grad« verwenden wir bei den Hauptgerichten viele verschiedene Saucen, Aufstriche, Gemüse und Einroll-Blätter (für Wraps). Es ist ratsam, zuerst die Saucen herzustellen und dann die individuellen Gerichte. Wenn Sie einige Saucen und Blätter vorrätig haben, können Sie stets flexibel auf eigene kreative Impulse eingehen.

Wir möchten Sie anregen, mit diesen Rezepten zu spielen und sie sich anzueignen. Genießen Sie die Vielfalt der Aromen, die durch die Kombination verschiedener Saucen, Wraps-Blätter und Gemüse entsteht, zum Beispiel bei Ensenada Enchiladas, Asiatischen Nudeln oder Topaz-Pizza.

Hauptgerichte

Köstliche rohe Hauptgerichte

— Sommerkürbis-Samosas —

Alte Gemüsesorten, die nicht auf Massenproduktion gezüchtet wurden, stehen den natürlichen Ursprüngen der Pflanze oft näher, sind meist geschmackvoller und haben einen höheren Nährwert. Das gilt auch für die vielen Sommerkürbis-Sorten. Dieses Rezept enthält besonders viel leicht verdauliches Protein, das vom Körper schnell umgesetzt werden kann. Sommerkürbis-Samosas schmecken zu jeder Tageszeit – ganz besonders, wenn sie warm aus dem Dörrautomaten kommen.

ZUM EINPACKEN:
1 Lage der Zucchini-Leinsamen-Wraps (S. 96)

FÜLLUNG:
2 Tassen Tahini-Frischkäse (S. 81)
4 Tassen italienisch marinierter Sommerkürbis (vgl. 3. Kap.)
4 Tassen marinierte rote Paprika (vgl. 3. Kap.)
½ Tasse Püree aus rotem Paprika (S. 87)

Zuerst die Zucchini-Leinsamen-Lage in 4 gleiche Quadrate schneiden und jeweils leicht mit Tahini-Frischkäse bestreichen. Mit dem marinierten Gemüse und dem Paprika-Püree füllen. Einmal diagonal falten, sodass Dreiecke entstehen. Jedes Dreieck noch einmal halbieren und im Dörrautomaten bei 41°C 30–40 Minuten erwärmen. Wohl bekomm's!
Ergibt 4 Portionen.

— Gartengemüse-Tahini-Rollen —

Diese Sushi-ähnliche Rolle enthält besonders viel Omega-Fettsäuren, Proteine und frisches Gemüse. Sie können dieses herrliche Gericht sowohl im Alltag genießen als auch auf einer Party reichen. Der Tahini-Frischkäse enthält viel Calcium, was den Gartengemüse-Tahini-Rollen einen besonders hohen Nährwert verleiht.

Zum Einwickeln:
1 Lage der Zucchini-Leinsamen-Wraps (S. 96)

Füllung:
½ Tasse Tahini-Frischkäse (S. 81)
2 mittelgroße Zucchini, in Juliennestreifen geschnitten
1 große Möhre, geraspelt
2 Paprika, in dünne Streifen geschnitten
4 Blätter Grünkohl, in dünne Streifen geschnitten

Garnitur:
¼ Tasse Püree aus rotem Paprika (S. 87)

Das Zucchini-Leinsamen-Blatt in 2 gleich große Rechtecke teilen; jedes dünn mit dem Frischkäse bestreichen, dabei das oberste Viertel frei lassen. Nach Geschmack können Sie den Frischkäse auch dicker auftragen.

Etwa 2 cm vom unteren Rand der Blätter entfernt nacheinander die zerkleinerten Möhren, Zucchini, Paprika und Grünkohl quer zur Rollrichtung auflegen. Vorsichtig aufrollen und aus jeder Rolle 8 Stücke schneiden. Auf die Schnittflächen gelegt anrichten und mit Paprika-Püree garnieren.

Ergibt 4 Portionen zu je 4 Stück.

— Topaz-Pizza —

Dieses Rezept wird jeden Pizza-Liebhaber erfreuen! Der weiche Boden enthält viel Protein, und die köstlichen Aromen des Pestos und der marinierten Gemüse entzücken den Gaumen. Direkt warm aus dem Dörrautomaten genossen, schmilzt förmlich jeder Bissen im Mund.

Boden:
Schneiden Sie 4 Dreiecke aus 1 Lage des Oliven-Kamut-Brotes (S. 92).

Belag:
4 Roma-Tomaten, in dünne Scheiben geschnitten
2 Tassen italienisch marinierter Sommerkürbis (vgl. 3. Kap.)
1 Tasse Pistazien-Pesto (S. 86)
½ Tasse getrockneten Basilikum-Käse (S. 36)

Garnitur:
½ Tasse Tomaten-Marinara (S. 89)

Auf jedes Oliven-Kamut-Brot-Dreieck ½ cm dick Pistazien-Pesto auftragen. Darauf Tomatenscheiben und jeweils ½ Tasse Kürbis verteilen und mit Basilikum-Käse-Bröseln bestreuen. Etwa 30 Minuten im Dörrautomaten aufwärmen, mit Tomaten-Marinara garnieren und genießen.
Ergibt 4 Portionen.

— Mais-Tamales —

Ich, Jenny, bin in Kalifornien aufgewachsen, wo mexikanische Tamales sehr beliebt sind. Das Geheimnisvolle und die Aufregung des Auspackens verlieh den Mahlzeiten immer etwas Abenteuerliches. Diese Tamales sind süßlich und pikant – und eines der beliebtesten Gerichte im »118 Grad«.

Zum Einwickeln:
12 große Maiskolben-Hüllblätter (gibt es u.a. in Läden für spanische Lebensmittel)

Füllung:
4 Tassen frischen Mais
2 Tassen Pinienkerne
1 Roma-Tomate
2 Knoblauchzehen
2 EL kalt gepresstes, hochwertiges Olivenöl
2 EL Chilipulver

Garnitur:
2 Tassen Portobello-Pilze *oder* Riesenchampignons
1 Tasse Salsa Rojo (S. 100)

Weichen Sie die Maiskolben-Hüllblätter in Wasser ein, damit sie biegsam werden.
Mais und Pinienkerne in der Küchenmaschine grob hacken. Tomate, Knoblauch, Chilipulver und Olivenöl hinzugeben und zu einer dicken Paste verarbeiten.
Die eingeweichten Maisblätter auf einem Arbeitsbrett ausbreiten. Auf jedes Blatt in die Mitte eine ca. 5 cm dicke Kugel Füllung geben, darauf ein wenig Pilze und Salsa Rojo. Zusammenfalten und mit Baumwollzwirn zusammenbinden. Im Dörrautomaten bei 43 °C 1–2 Stunden wärmen und trocknen. Je länger Sie die Tamales im Gerät lassen, desto trockener wird die Füllung.
Ergibt 4 köstliche Portionen.

— Lasagne vital —

Von dieser gehaltvollen, cremigen Lasagne hat ein italienischer Gast des »118 Grad« einmal gesagt, sie könne mit der Lasagne seiner Mutter mithalten. Wir halten sie ebenfalls für prima gelungen!

Auch diese Lasagne wird in sich wiederholenden Lagen geschichtet: entweder auf Backpapier, um sie im Dörrautomaten zu erwärmen, oder in einer Glasform, wenn Sie sie im Kühlschrank durchziehen lassen wollen.

Lasagne:
4 große Zucchini
4 große Roma-Tomaten, in dünne Scheiben geschnitten
4 Tassen Macadamia-Spinat-Ricotta (S. 84)
1 Tasse Tomaten-Marinara (S. 89)

Garnitur:
2 Tassen Sonnengetrocknete Tomaten (S. 89)

Zuerst die Zucchini der Länge nach auf einem Gemüsehobel oder einer Mandoline in 3 mm dicke Scheiben schneiden. Jede Zucchini sollte 12–16 Scheiben ergeben.

Mit 3–4 Scheiben Zucchini beginnen, darauf eine Lage Tomatenscheiben verteilen, etwa 1 cm dick Ricotta auftragen und mit Tomaten-Marinara beträufeln. Dann die nächste Schicht auf die gleiche Weise darüber legen. Mit einer Lage Zucchini abschließen und mit Tomaten-Marinara beträufeln.

Im Dörrautomaten bei 43 °C 3–4 Stunden erwärmen. Mit Sonnengetrockneten Tomaten bestreut servieren.

Ergibt 4 Portionen.

— Asiatische Nudeln —

Dieses großartige Nudelgericht entstand in einem göttlich inspirierten Augenblick, als ich nach der perfekten Balance zwischen Aroma und Nährwert suchte. Es enthält viele Proteine, Eisen und B-Vitamine sowie Spurenelemente. Und es ist nicht nur nahrhaft, sondern mit seinem milden, pikanten Geschmack auch eine echte Gaumenfreude.

4 Zucchini, in Juliennestreifen geschnitten
1 reife Hass Avocado
10 Enoki-Pilze (*oder* ⅛ Tasse frische Frühlingszwiebeln)
2 Tassen marinierte Portobello-Pilze *oder* Riesenchampignons (vgl. 3. Kap.)
1 Tasse Dulse
1½ Tassen Chipotle-Frischkäse (S. 83)
½ Tasse Miso-Dressing (S. 87)

Das Gemüse sorgfältig zerkleinern. Alle Zutaten in einer großen Schüssel mischen, bis alles cremig überzogen ist. In Förmchen pressen und stürzen, sodass sich ein kleiner Turm bildet. Mit ein wenig Enoki-Pilzen garniert servieren.
Ergibt 4 Portionen.

Köstliche rohe Hauptgerichte

— Pilz-Crêpes —

In diesem Rezept werden frischer Spinat, Pilze und eine reichhaltige Knoblauchcreme zu einem wundervollen Gericht verbunden, das zu jeder Jahreszeit schmeckt. Die Crêpes enthalten frisches Gemüse, zahlreiche verschiedene Texturen und reichlich Protein.

Crêpes:
2 Tassen Kamut-Weizen, 3–5 Tage vorgekeimt
1½ Tassen Wasser
¼ Tasse kalt gepresstes, hochwertiges Olivenöl
1 TL Agavennektar
1 EL italienische Kräuter-Gewürzmischung
1 TL Himalaya-Salz
2 EL Flohsamenschalen

Das gekeimte Getreide abspülen und abtropfen lassen. Alle Zutaten außer den Flohsamenschalen in einem leistungsstarken Mixer zu einer dicken, cremigen Masse verarbeiten. Die Flohsamenschalen dazugeben und 20 Sekunden lang durchmixen. Etwa 3 mm dick auf ca. 4 Backpapier-Rechtecke streichen und bei 43 °C 4 Stunden dörren.

Füllung:
2 Tassen Knoblauchcreme (S. 90)
1 Tasse frisches Basilikum, gehackt
4 Tassen Spinat, gehackt
4 Tassen marinierte Portobello-Pilze *oder* Riesenchampignons (vgl. 3. Kap.)

In einer mittelgroßen Schüssel Spinat, Pilze und Knoblauchcreme vermengen. Nach Geschmack frisches Basilikum hinzufügen.

Jede Lage Crêpes in 4 gleiche Quadrate schneiden und jeweils mit ¼ der Füllung belegen. Zu rechteckigen Taschen zusammenklappen und jeweils diagonal in zwei längliche Dreiecke schneiden.
Ergibt 4 Portionen.

— Rohe Ramensuppe —

Diese wärmende, sättigende Suppe eignet sich gut als Hauptgericht. Sie ist reichhaltig und cremig und voll frischem Gemüse und Superfoods!

Suppe:
4 Tassen warmes oder heißes Wasser
1 große Zucchini
2 Tassen Pinienkerne
2 Knoblauchzehen
1 Frühlingszwiebel
Saft von 1 Zitrone
1 EL Miso-Paste
1 TL Himalaya-Salz
1 Prise Cayennepfeffer
evtl. 1 TL Curry

Garnitur:
½ Tasse Meersalat, gehackt
2 Tassen Zucchini *oder* Sommerkürbis, in Juliennestreifen geschnitten
1 Avocado, gewürfelt
¼ Tasse Frühlingszwiebeln, gehackt
Kokosnuss-Nudeln (wenn gewünscht)
½ Tasse Dulse-Stücke

Alle Zutaten für die Suppe in einem leistungsstarken Mixer pürieren. In zwei große Suppenteller füllen, nach Belieben garnieren und genießen.
Ergibt 2 Portionen.

Macadamia-Kokosnuss-Curry-Cones

Mit seiner herrlichen Kombination von frischem Gemüse, cremiger Macadamianuss-Sauce und einem süßlichen Curry-Blatt erfreut dieses Hauptgericht nicht nur das Auge, sondern auch die Gesundheit von Haaren, Haut und Nägeln.

Zum Einwickeln:
1 Lage der Curry-Kokosnuss-Wraps (S. 94)

Füllung:
2 Tassen Macadamianüsse
1 Tasse Flüssigkeit von einer jungen, frischen Kokosnuss
1 Tasse Fleisch von einer jungen, frischen Kokosnuss
1 rote Paprika
1 Roma-Tomate

2 Knoblauchzehen
Saft von 1 Zitrone
1 TL Meersalz

Marktgemüse:
2 Tassen rote Paprika, in dünne Streifen geschnitten
2 Blätter Mangold, fein gehackt
1 Tasse Würziger spanischer Sommerkürbis (S. 47)

Garnitur:
¼ Tasse Püree aus rotem Paprika (S. 87)
¼ Tasse frisches Basilikum

Alle Zutaten der Füllung in einem leistungsstarken Mixer zu einer cremigen Masse verarbeiten. In einer mittelgroßen Schüssel Gemüse und Füllung gut vermengen. Das Curry-Kokosnuss-Blatt in 4 gleiche Quadrate schneiden, jeweils mit ¼ der Füllung belegen und der Länge nach aufrollen. Mit Paprika-Püree und gehacktem Basilikum garniert servieren.

Ergibt 4 Portionen.

— Baja Burrito —

Die Baja California in Mexiko ist für ihre frischen Früchte und ihr subtropisches Klima berühmt. Dieser Burrito wurde von dieser Küste inspiriert – und von dem guten Appetit, den man nach einem langen Tag am Strand entwickelt.

Zum Einwickeln:
4 Würzige mexikanische Tortillas (S. 100)

Füllung:
2 Tassen Chipotle-Frischkäse (S. 83)
2 Tassen Möhren, geraspelt
2 Tassen Mango, gewürfelt
2 Tassen Spinat, gehackt
2 reife Hass Avocados, gewürfelt
¼ Tasse Frühlingszwiebeln, gehackt
2 Tassen Egerlinge, in Scheiben geschnitten
½ Tasse frischer Blattkoriander
3 EL kalt gepresstes, hochwertiges Olivenöl
1 EL Chilipulver

Garnitur:
¼ Tasse Sauerrahm aus Pinienkernen (S. 86)
¼ Tasse Avocado-Limonen-Sauce (S. 91)
¼ Tasse Püree aus rotem Paprika (S. 87)

Alle Zutaten für die Füllung in einer mittelgroßen Schüssel gut durchmischen. Auf jede Tortilla ¼ der Mischung geben und dicht einrollen. Mit Pinienkern-Sauerrahm, Avocado-Limonen-Sauce und Paprika-Püree garnieren und mit Resten von Blattkoriander oder gehackten Frühlingszwiebeln bestreuen.
Ergibt 4 Portionen.

Köstliche rohe Hauptgerichte

— Clayudas —

In der mexikanischen Region von Oaxaca ist dies ein traditionelles Gericht: Eine große, runde Mais-Tortilla wird mit frischem Gemüse, Kaktusfrüchten und Käse belegt. Mit dieser Variante hält man sich im Alltag wunderbar gesund. Kaktusfrüchte sind bekannt dafür, bei den verschiedensten Verdauungsproblemen zu helfen.

»Tortilla«:

2 Tassen Wasser
1 große Roma-Tomate
1 rote Paprika
2 Tassen Buchweizen, 12 Stunden vorgekeimt
1 Tasse gemahlener goldener Leinsamen
1 TL Meersalz
2 EL Chilipulver
1 Knoblauchzehe

Den gekeimten Buchweizen abspülen und abtropfen lassen. Alle Zutaten pürieren und auf Backpapier ca. 3 mm dicke Kreise (etwa 15 cm Durchmesser) ausstreichen. Bei 43 °C 8 Stunden dörren, bis sie knusprig sind.
Ergibt 6 Stück.

Füllung:

2 Tassen frischer Mais
1 Tasse Nopales (Kaktusfrüchte)
2 Tassen Spinat, gehackt
2 Tassen Avocado-Limonen-Sauce (S. 91)
2 Tassen Chipotle-Frischkäse (S. 83)
2 Tassen Würziger spanischer Sommerkürbis (S. 47)
Meersalz
Zitronensaft
2 Tassen Avocado, gewürfelt

Garnitur:

2 Gurken, in Juliennestreifen geschnitten

Die Kaktusfrüchte entdornen, in kleine Würfel schneiden und in Meersalz und Zitronensaft marinieren; so halten sie bis zu 7 Tage.
Für die Füllung in einer mittelgroßen Schüssel Chipotle-Frischkäse, Mais, Kaktusfrüchte, Spinat, Avocado und Sommerkürbis mischen.
Auf jeden »Tortilla«-Kreis etwas Avocado-Limonen-Sauce dünn auftragen, darauf jeweils 1 Tasse Füllung geben und mit Gurkenstreifen garniert servieren.
Ergibt 6 Portionen.

— New Age Quesadillas —

Als ich, Jenny, jünger war, gehörte es zu meinen großen Freuden, wenn mich zu Hause frische Quesadillas erwarteten. Diese Variante hier ist eine perfekte Kombination aus süßen und würzigen Aromen und schmeckt Menschen aller Altersgruppen. Bereiten Sie ein paar Quesadillas auf Vorrat zu, dann brauchen Sie sie nur ein paar Minuten im Dörrautomaten zu erwärmen – und schon sind sie fertig.

Tortillas:
4 Würzige mexikanische Tortillas (S. 100)

Gemüsemischung:
2 Tassen Mandel-Frischkäse (S. 82)
4 Tassen Spinat, gehackt
2 Tassen frischer Mais
2 reife Avocados, gewürfelt
2 Tassen Paprika, gehackt

Garnitur:
1 Tasse Salsa Rojo (S. 100)
2 Tassen Guacamole (S. 101)

Die Tortillas auf einem Arbeitsbrett auslegen. In einer mittelgroßen Schüssel das Gemüse gut mit dem Mandel-Frischkäse vermengen. Jede Quesadilla mit ¼ der Füllung belegen und vorsichtig zusammenfalten. Im Dörrautomaten bei 46 °C 10–15 Minuten erwärmen und mit Salsa Rojo und Guacamole garniert genießen.
Ergibt 4 Portionen.

Köstliche rohe Hauptgerichte

— Ensenada Enchiladas —

Wir lieben es beide, regelmäßig zum Tauchen zur Baja California in Mexiko zu fahren. Auf dem Weg genießen wir dann die Aromen der mexikanischen Früchte und Gemüse.

Als ich, Jenny, anfing, mich mit vitaler Ernährung zu befassen, haben mich die leuchtenden Farben der Nahrungsmittel entlang der Küste und die feinen spanischen Aromen dieser Gegend noch mehr inspiriert. Dieses Rezept entstand auf meiner letzten Reise dank der Atmosphäre eines besonders strahlenden Tages mit genau der richtigen sanften Brise, die einen an den Zehen kitzelt.

ZUM EINWICKELN:
1 Lage der Tomaten-Kokosnuss-Wraps (S. 94)

FÜLLUNG:
6 Tassen Würziger spanischer Sommerkürbis (S. 47)
1¼ Tassen frischer Mais
1 große Möhre, geraspelt
3 reife Avocados, in Streifen geschnitten
3 Tassen marinierte Portobello-Pilze *oder* Riesenchampignons (vgl. 3. Kap.)
1¼ Tassen Chipotle-Frischkäse (S. 83)

GARNITUR:
1 Tasse Avocado-Limonen-Sauce (S. 91)
1 Tasse Püree aus rotem Paprika (S. 87)
1 Tasse Süß-pikanter Frischkäse (S. 82)
1 Tasse Salsa Rojo (S. 100)

Zunächst das Tomaten-Kokosnuss-Blatt in 6 gleiche Teile schneiden, dafür zuerst halbieren und dann jede Hälfte dritteln. Auf einem Arbeitsbrett auslegen und zu gleichen Teilen mit dem Gemüse belegen: zuerst mit dem Kürbis, dann mit den Pilzen, dem Mais, den Möhren und den Avocados. Auf jede Enchilada 2–4 EL Chipotle-Frischkäse häufen.

Die Enchiladas vorsichtig aufrollen und mit Avocado-Limonen-Sauce, Püree aus rotem Paprika, Süß-pikantem Frischkäse und Salsa Rojo garniert servieren.

Ergibt 6 fabelhafte Portionen.

Köstliche rohe Hauptgerichte

— Pesto-Tortellini —

Diese Tortellini sind bei uns als Abendessen sehr beliebt. Die zarte Hülle und die pikante Füllung machen sie besonders schmackhaft. Überraschen Sie damit Ihre Freunde bei Ihrer nächsten Einladung: Sie werden Begeisterung ernten! Die Aromen von Basilikum, Knoblauch und Olivenöl machen dieses Gericht besonders angenehm.

ZUM EINPACKEN:
1 Lage der Basilikum-Kokosnuss-Wraps (S. 94)

FÜLLUNG:
2 Tassen Sommerkürbis *oder* Zucchini, in Juliennestreifen geschnitten
1 Tasse Möhren, geraspelt
1 Tasse rote Paprika, in dünne Streifen geschnitten
2 Tassen Pistazien-Pesto (S. 86)
1 Tasse Tomaten-Marinara (S. 89)

GARNITUR:
1 Tasse Basilikum-Käse (S. 36)
½ Tasse Tomaten-Marinara (S. 89)

Zunächst das Basilikum-Kokosnuss-Blatt der Länge nach halbieren und die Hälften in 4 gleiche Teile schneiden. Alle 8 Blätter auf einem Arbeitsbrett ausbreiten. In einer mittelgroßen Schüssel alle Zutaten der Füllung gut miteinander vermischen. Auf jedes Blatt ⅛ der Füllung geben. Vorsichtig einfalten, sodass Tortellini entstehen. Bei 46 °C 20 Minuten erwärmen. Mit Tomaten-Marinara und Basilikum-Käse anrichten.

Ergibt 2 Hauptgerichte oder 4 Vorspeisen.

— Butternuss-Kürbis-Ravioli —

Butternuss-Kürbis ist ein wundervolles Herbstgemüse, das aus diesen Ravioli eine verlockende, nach Rosmarin duftende Leckerei macht. Genießen Sie sie mit der Familie oder mit Freunden, wenn sich draußen in der Natur das Laub färbt.

Ravioliteig:
2 Lagen der Basilikum-Kokosnuss-Wraps (S. 94)

Füllung:
4 Tassen Butternuss-Kürbis, gewürfelt
1 Roma-Tomate
1 Zweig frischer Rosmarin
1 EL Agavennektar
1 TL Meersalz
2 Tassen Portobello-Pilze *oder* Riesenchampignons, gehackt
2 Tassen italienisch marinierter Sommerkürbis (vgl. 3. Kap.)
¼ Tasse Pinienkerne
2 Knoblauchzehen
½ Tasse kalt gepresstes, hochwertiges Olivenöl
1 TL italienische Kräuter-Gewürzmischung
1 Tasse Wasser

Alle Zutaten für die Füllung außer den Pilzen und dem Sommerkürbis in einem leistungsstarken Mixer pürieren. In eine mittelgroße Schüssel gießen und mit Pilzen und Sommerkürbis mischen.

Garnitur:
½ Tasse Püree aus rotem Paprika (S. 87)
1 Tasse Knusprige Tomaten (S. 41)
4 Spinatblätter

Jede Lage der Basilikum-Kokosnuss-Wraps in 3 gleiche Teile schneiden, und diese wiederum in 3 Teile, sodass Sie pro Lage 9 quadratische Stücke erhalten. Auf jedes Stück 2 EL Füllung setzen und vorsichtig zu einem Dreieck schließen. Im Dörrautomaten bei 43 °C 40–60 Minuten erwärmen, sodass sich die Füllung verbindet. Auf Spinat gebettet mit Paprika-Püree und Knusprigen Tomaten garniert servieren.

Ergibt 4 Portionen zu je 4 Ravioli.

Köstliche rohe Hauptgerichte

— Zitronen-Pesto-Pasta —

Diese Pasta ist bestens für Anfänger geeignet. Die Zubereitung macht auch mit Kindern aller Altersstufen Spaß. In unserem Restaurant wird sie gerne zu Mittag bestellt. Sie können sie 3–4 Tage im Voraus zubereiten und dann im Lauf der Woche genießen, vor allem wenn Sie das Salz erst kurz vor dem Essen zugeben, denn Salz trennt im Kürbis Wasser von Stärke und erzeugt so zusätzliche Flüssigkeit.

Pasta:
4 Tassen Pistazien-Pesto (S. 86)
2 Tassen Basilikum, gehackt
2 Tassen Tomaten-Marinara (S. 89)
Saft von 2 Zitronen
4 grüne und/oder gelbe Zucchini, in Juliennestreifen oder in Spiralen geschnitten
2 Tassen Portobello-Pilze *oder* Riesenchampignons, gewürfelt

Garnitur:
Sonnengetrocknete Tomaten (S. 89)
oder Basilikum-Käse (S. 36)
oder frische Oliven

Die Zucchini-Pasta gut mit Pesto, Tomaten-Marinara, Pilzen, Basilikum und Zitronensaft vermengen. Je nach Geschmack mit einer Garnitur aus Tomaten oder Frischkäse-Bröseln oder Oliven servieren. Ergibt 4 Portionen.

— Süss-pikante Frühstückspizza —

Seit diese Pizza auf der Brunch-Karte des »118 Grad« aufgetaucht ist, ist sie zu einem unserer Favoriten geworden. Sie schmeckt am besten, wenn sie warm aus dem Dörrautomaten kommt, und eignet sich ebenso gut während des ganzen Jahres als köstliches Abendessen für Gäste. Die Aromen des Süß-pikanten Frischkäses und der marinierten Gemüse ergeben eine köstliche Gaumenfreude, die zudem reich an Proteinen und Calcium ist.

Boden:
1 Lage des Oliven-Kamut-Brotes (S. 92)

Belag:
2 Tassen Süß-pikanter Frischkäse (S. 82)
1 Tasse marinierte rote Paprika (vgl. 3. Kap.)
1 Tasse italienisch marinierter Sommerkürbis *oder* Zucchini (vgl. 3. Kap.)
1 Tasse marinierte Portobello-Pilze *oder* Riesenchampignons (vgl. 3. Kap.)

Garnitur:
¼ Tasse getrocknete schwarze Oliven, gehackt
¼ Tasse frisches Basilikum, gehackt

Schneiden Sie 4 Dreiecke aus der Lage Oliven-Kamut-Brot. In einer mittelgroßen Schüssel den Frischkäse mit dem marinierten Gemüse gut mischen. Den Belag auf den 4 Dreiecken verteilen und im Dörrautomaten bei 43 °C 2 Stunden erwärmen. Mit Oliven und Basilikum bestreut warm servieren. Guten Appetit!

Ergibt 4 Portionen.

Köstliche rohe Hauptgerichte

— Pikante Zwiebel-Panini —

Paninis sind traditionell dünne, gegrillte Sandwiches nach italienischer Art. Unsere Paninis mit ihrem aromatisch marinierten Gemüse, dem pikanten Knoblauch-Frischkäse und unserem köstlichen Zwiebel-Mohn-Brot sind ein wundervoller Ausdruck von Lebendigkeit. Das gekeimte Getreide und die frischen Gemüse enthalten viel Protein. Diese Sandwiches eignen sich gut für ein Picknick im Park oder als Reiseproviant.

Brot:
1 Lage Zwiebel-Mohn-Brot (S. 93)

Gemüse-Füllung:
2 Tassen marinierte rote Paprika (vgl. 3. Kap.)
2 Tassen italienisch marinierter Sommerkürbis (vgl. 3. Kap.)
4 Roma-Tomaten, in dünne Scheiben geschnitten
2 Tassen frischer Spinat
2 Tassen marinierte Portobello-Pilze *oder* Riesenchampignons (vgl. 3. Kap.)
¼ Tasse pikanter Knoblauch-Frischkäse (siehe unten)

Das Brot in 4 gleiche Quadrate schneiden und jedes Quadrat in 2 Dreiecke. Jedes Dreieck ca. 3 mm dick mit Knoblauch-Frischkäse bestreichen und mit Tomatenscheiben, Spinat und mariniertem Gemüse belegen. Zum Servieren jedes Dreieck noch einmal durchschneiden. Ergibt 4 Portionen.

Pikanter Knoblauch-Frischkäse

1 Tasse Pinienkerne
Saft von 2 Zitronen
3 Knoblauchzehen
2 EL kalt gepresstes, hochwertiges Olivenöl
1 TL Meersalz

Alles in einem leistungsstarken Mixer zu einer cremigen Masse verarbeiten.

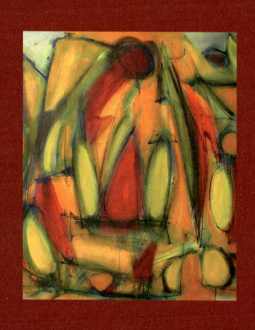

Kapitel Sieben

Süße, pikante und gesunde Desserts

Nach unseren Rezepten können Sie gesundheitsbewusst essen und trotzdem ein Dessert genießen. Diese köstlichen Leckereien stellen auch den anspruchsvollsten Gaumen zufrieden. Auch Ihre Kinder werden an diesen natürlich süßen Desserts ihre Freude haben und gesundheitlich davon profitieren.

Alle diese Nachspeisen stehen seit Langem auf der Speisekarte unseres Restaurants und erfreuen sich großer Beliebtheit bei Jung und Alt.

Grundrezepte für Dessert-Saucen

Zu einem richtig guten Nachtisch gehört eine tolle Sauce. Diese Rezepte bilden bei vielen Leckereien dieses Kapitels die Basis und eignen sich immer als Garnitur. Machen Sie ruhig mehr davon und genießen Sie bis zu 10 Tage lang die köstlichsten Desserts!

Sämtliche Saucen-Rezepte werden folgendermaßen aus den jeweils angegebenen Produkten zubereitet:

Alle Zutaten in einem leistungsstarken Mixer zu einer cremigen Masse verarbeiten; dabei zwischendurch die Seiten des Mixers abstreichen, damit sich alles gut verbindet. Sie können die Sauce in einer weichen Flasche mit Spitze aufbewahren, um sich das Garnieren leicht zu machen, oder in einem verschließbaren Glas. Im Kühlschrank hält sie bis zu 10 Tage.

— Zimt-Sauce —

1 EL Zimt   1 Tasse Agavennektar
1 Tropfen Zimt-Aromaöl   1 Prise Meersalz

Ergibt 1 Tasse Zimt-Sauce.

— Schokoladen-Sauce —

1 TL Zimt   2 Tassen Agavennektar
¼ Tasse Kokosnussöl   1 TL Himalaya-Salz
1 TL gemahlene Bourbon-Vanille *oder* 2 Vanilleschoten
3 Tassen rohe Kakaobohnensplitter *oder* 2 Tassen rohes Kakaopulver
evtl. 1 Tasse Nussmilch (S. 17)

Sie können die Konsistenz nach Belieben mit 1 Tasse Nussmilch flüssiger machen. Ergibt 2½ Tassen Schokoladen-Sauce.

— Minz-Sauce —

¼ Tasse frische Minzeblätter   2 Tassen Pinienkerne
½ Tasse Agavennektar   1 TL Meersalz
1 Tasse Flüssigkeit von einer jungen, frischen Kokosnuss

Ergibt 2 Tassen Minz-Sauce.

— Karamell-Sauce —

2 Tassen Agavennektar
1 EL Lucuma-Pulver
1 EL Mesquite-Pulver
1 EL Maca-Wurzel-Pulver
2 TL Zimt
1TL Muskat, gerieben
1 TL Ingwerpulver
1 TL Nelken, gemahlen
1 Prise Meersalz

Ergibt 2 Tassen Karamell-Sauce.

— Vanille-Sauce —

2 EL gemahlene Bourbon-Vanille *oder* 4 Vanilleschoten
1 Tasse Flüssigkeit von einer jungen, frischen Kokosnuss
2 Tassen Pinienkerne
3/4 Tasse Agavennektar
1 Prise Himalaya-Salz

Ergibt 2 Tassen Vanille-Sauce.

— Erdbeer-Sauce —

225 ml (knapp 1 Tasse) Erdbeeren
2 EL Agavennektar

Ergibt 2 Tassen Erdbeer-Sauce.

Dessert-Grundrezepte

Hier sind die Grundlagen für viele der Eiscreme-, Riegel-, Kuchen-, Keks- und Trüffelrezepte in diesem Kapitel.

— Eiscreme-Grundrezept —

2 Tassen Fleisch von einer jungen, frischen Kokosnuss
2 Tassen Flüssigkeit von einer jungen, frischen Kokosnuss
4 Tassen Pinienkerne
2 Tassen Agavennektar

Alle Zutaten in einem leistungsstarken Mixer zu einer cremigen Masse verarbeiten.
Ergibt 4 Tassen Eiscreme-Grundlage.

— Nussriegel-Grundrezept —

4 Tassen Macadamianüsse, 8 Stunden eingeweicht
2½ Tassen Agavennektar
1 EL Lucuma-Pulver (*oder* Maca-Wurzel-Pulver)
1 EL gemahlene Bourbon-Vanille *oder* 2 Vanilleschoten
1 TL Meersalz

Eingeweichte Nüsse abspülen und abtropfen lassen. Alle Zutaten im Mixer pürieren. Gut 1 cm dick auf Backpapier streichen und im Dörrautomaten bei 43 °C 12 Stunden dörren.
Ergibt 1 Lage Nussriegel.

Süße, pikante und gesunde Desserts

— SCHOKOLADE-GRUNDREZEPT —

2 Tassen Kakaopulver
1 Tasse Kokosnussöl
1 Tasse Agavennektar
1 TL gemahlene Bourbon-Vanille
1 TL Zimt
1 TL Meersalz

Alle Zutaten in einem leistungsstarken Mixer zu einer homogenen Masse verarbeiten. Dabei den Stößel verwenden, um sicherzugehen, dass sich alles gut verbindet. In eine mittelgroße Glasschüssel füllen und 2 Stunden im Kühlschrank fest werden lassen.
Ergibt 2 Tassen Schokoladen-Grundlage.

— NUSSMEHL —

8 Tassen Mandeln, Pistazien, Paranüsse *oder* Macadamianüsse, 4 Stunden eingeweicht
8 Tassen Wasser

Eingeweichte Nüsse abspülen und abtropfen lassen. Jeweils 4 Tassen Nüsse mit 4 Tassen Wasser pürieren. Die Masse durch ein Käsetuch abtropfen lassen und ausdrücken. Die Nussmasse bei 46 °C 12 Stunden trocknen lassen. Das Nussmehl hält sich relativ lange.
Die Nussmilch verwenden Sie einfach für andere Rezepte. So kann man auch gut den Überschuss an eingeweichten Nüssen verarbeiten.
Ergibt etwa 4 Tassen Nussmehl.

Süße und pikante Desserts

— Schokoladen-Ganache-Superfood-Snack —

Diese Schokoladen-Ganache ist im »118 Grad« zu einem Publikumsfavoriten geworden. Ihre nahrhaften Superfood-Bestandteile machen sie zu einem Dessert, das Kraft für einen ganzen Tag gibt. Sie nehmen damit Grünes und andere gesunde Dinge zu sich und kommen gleichzeitig in den Genuss köstlicher Schokolade. Wenn Sie keine Schokolade vertragen, können Sie das Rezept auch mit Carobpulver herstellen.

4 Tassen Schokoladen-Sauce (S. 134) ½ Tasse Hanfsamen
3 EL Maca-Wurzel-Pulver 1 TL Zimt 1 EL Spirulina

Schokoladen-Sauce, Maca-Wurzel-Pulver und Spirulina in einem leistungsstarken Mixer zu einer cremigen Masse verarbeiten. In eine quadratische Form (ca. 20 cm Seitenlänge) gießen und mit Zimt und Hanfsamen bestreuen. 1 Stunde lang ins Tiefkühlfach stellen. Danach in die gewünschte Form schneiden.

Dieser Snack schmeckt Kindern ausgezeichnet. Sie können ihn mit Stern- und Herz-Förmchen wie Kekse ausstechen. Als Frühstück genossen, schenkt er einen guten Start in den Tag. Ergibt 16 Stück.

— Mandelmus-Törtchen —

Dies ist eine gesunde Version der klassischen Buttercreme-Törtchen.

2 Tassen Mandelmilch (S. 17) 4 Tassen Schokoladen-Sauce (S. 134)
2 Tassen rohes Mandelmus 1 Tasse Agavennektar 1 EL Zimt

In einer großen Schüssel Agavennektar, Mandelmus und Zimt mit dem Schneebesen durchmischen. Zur Seite stellen.

Schokoladen-Sauce gut mit der Mandelmilch verrühren. Kleine Törtchenformen zuerst zu einem Drittel mit der Schokoladenmischung füllen, darauf zu einem Drittel mit Mandelmischung und das letzte Drittel dann wieder mit Schokoladenmischung. 1 Stunde lang einfrieren, dann servieren und genießen. Ergibt 12 Törtchen.

Süße, pikante und gesunde Desserts

— Pfirsiche mit Vanille-Sauce —

Diese cremige Gaumenfreude kann sowohl als Dessert für ein opulentes Abendmenü mit Ihren Gästen als auch mit Crunchy zum Frühstück genossen werden. Die herrlichen Köstlichkeiten sind Geschenke von Mutter Natur!

6 Pfirsiche, halbiert
2 Tassen Vanille-Sauce (S. 135)
1 Tasse Zimt-Sauce (S. 134)
1 Tasse Agavennektar
1 TL Zimt
1 Prise Muskat

Agavennektar, Zimt und Muskat miteinander verrühren und über die Pfirsichhälften gießen. Bei 43 °C 4 Stunden dörren.
Die Pfirsichhälften mit je 1 TL Vanille-Sauce füllen und mit Zimt-Sauce beträufeln.
Ergibt 6 Portionen.

— HIMBEER-KÄSEKUCHEN —

Diese »bodenlose« Version des klassischen Käsekuchens ist nahrhaft, cremig und ... oh, so köstlich!

ca. ½ Tasse Himbeeren
2 Tassen Macadamianüsse, 8 Stunden eingeweicht
3 EL Zitronensaft
1 Tasse Agavennektar
1 EL gemahlene Bourbon-Vanille *oder* 2 Vanilleschoten
1 Tasse Wasser

Eingeweichte Nüsse abspülen und abtropfen lassen. Alle Zutaten außer den Himbeeren im Mixer zu einer homogenen Masse verarbeiten, in eine 24-cm-Springform gießen und 1 Stunde lang einfrieren.

Die Himbeeren in einer kleinen Schüssel zerdrücken. Das Fruchtmus über den Käsekuchen gießen, den Kuchen in Stücke schneiden und servieren.

Variante: Die Springform zuvor mit Kokosnussraspeln ausstreuen, um eine Art knusprigen Boden zu erhalten.

— NEAPOLITANISCHES PARFAIT —

Wenn Sie die Saucen vorbereitet haben, ist dieses Dessert ganz schnell und einfach herzustellen. Kinder lieben es, das Parfait zuzubereiten und zu verspeisen, aber es eignet sich auch als Dessert für eine Abendeinladung. Ihre Gäste werden beeindruckt sein – und keine Ahnung haben, wie einfach die Zubereitung war.

1 Tasse frische Erdbeeren, geputzt und in Stücke geschnitten
2 Tassen Vanille-Sauce (S. 135)
2 Tassen Schokoladen-Sauce (S. 134)
2 Tassen Erdbeeer-Sauce (S. 135)

Stielgläser mit 3 Schichten der verschiedenen Saucen füllen: zuerst mit Vanille-Sauce, darauf Schokoladen-Sauce, dann Erdbeer-Sauce. Jede Schicht mit einem Löffel glatt streichen. Zuoberst mit frischen Erdbeeren anrichten.

Ergibt 4 Portionen.

— Cappuccino-Creme Brûlée —

Ein wundervolles Dessert für Rohkost-Neulinge, denn es enthält vertraute Aromen. Es hat eine wundervoll samtige Konsistenz und sieht besonders hübsch aus, wenn Sie es in Cappuccino-Tassen servieren, die direkt aus dem Eisfach kommen. Cappuccino-Creme Brûlée bildet den köstlichen Abschluss eines italienischen Menüs mit Freunden, mit denen man noch lange Geselligkeit pflegen möchte.

120–150 ml Espresso
2 Tassen Agavennektar
1 TL Zimt
1 Tasse frische Himbeeren
4 Tassen Flüssigkeit von jungen, frischen Kokosnüssen
4 Tassen Pinienkerne
1 TL Himalaya-Salz
2 EL Flohsamenschalen
2 Tassen Fleisch von jungen, frischen Kokosnüssen

Alle Zutaten außer den Flohsamenschalen und den Himbeeren in einem leistungsstarken Mixer pürieren. Flohsamenschalen dazugeben und 30 Sekunden lang durchmixen. In Cappuccino-Tassen füllen und für 1 Stunde ins Eisfach geben. Mit Himbeeren garniert servieren.

Ergibt 8 Portionen.

— Zimt-Feigen und Käse —

Dies ist ein wundervolles Rezept für die Zeit, wenn die Feigen reif sind! Es geht nichts über den Geschmack reifer Feigen, und dieses Dessert mit seiner cremigen Konsistenz passt perfekt dazu. Unsere Gäste schwärmen davon, und wir sind sicher, dass es bald auch zu Ihren Lieblingsgerichten gehören wird.

Feigen:
1 Tasse Feigen, entstielt und halbiert
4 EL Zimt-Sauce (S. 134)
2 EL Vanille-Sauce (S. 135)

Käse:
2 Tassen roh gemahlenes Tahini
¼ Tasse Frühlingszwiebeln, gehackt
1 Tasse Zitronensaft
1 EL Himalaya-Salz

Die Zutaten für den Käse in der Küchenmaschine zu einer dicken, streichfähigen Masse verarbeiten.

Die Feigen in Zimt-Sauce rollen, bis sie gut bedeckt sind. Auf die Schnittfläche einen kleinen Klacks Käse geben und mit der Schnittfläche nach unten auf ein Backpapier setzen. Den restlichen Käse, der später als Garnitur verwendet wird, ca. ½ cm dick auf Backpapier ausstreichen. Bei 40 °C 1 Stunde erwärmen.

Die Feigen mit der Schnittfläche nach oben anrichten und mit Käsebröseln und Vanille-Sauce garniert servieren.

Ergibt 6-8 Portionen.

Süße, pikante und gesunde Desserts

— Käseteller mit Datteln —

Herzhafte Desserts stellen für viele eine angenehme Abwechslung dar und bieten eine gute Ausweichmöglichkeit für jene, die keinen Zucker vertragen. Dieser Käseteller ist leicht vorzubereiten und lässt sich auch gut zu Einladungen oder Picknicks mitnehmen. Versuchen Sie, eher saftige, weiche Datteln wie die Sorte Medjool zu bekommen.

6 Datteln
2 Tassen Pinienkerne
1 Roma-Tomate
2 Knoblauchzehen
1 EL Hefeflocken
1 TL Meersalz
1½ Tassen Wasser

Alle Zutaten für den Käse – außer den Datteln – in einem leistungsstarken Mixer pürieren und sehr dünn auf Backpapier ausstreichen. Bei 46°C 6 Stunden trocknen lassen.

Datteln halbieren und Kerne entfernen. Den Käse in Rechtecke schneiden. Auf einem großen oder auf mehreren kleinen Tellern anrichten und servieren.

Ergibt 6 Portionen.

— Süsses Brot und Pfefferkäse —

Dieses Rezept wurde von Europa-Reisen inspiriert. Dort gibt es viele verschiedene Sorten süßliches Brot, das gerne am Nachmittag genossen wird, während man mit Freunden oder Nachbarn auf der Terrasse sitzt. Es schmeckt auch hervorragend mit Früchten aller Art. Und was Sie heute nicht aufessen, ist gut bis morgen haltbar. Also lassen Sie sich Zeit, entspannen Sie sich und genießen Sie das süße Leben!

Pfefferkäse:

2 Tassen Pinienkerne, 2 Stunden eingeweicht
1 EL Hefeflocken
1 EL Agavennektar
1 TL Meersalz
2 EL Zitronensaft
3 EL Flohsamenschalen
2 Tassen Wasser
einige Pfefferkörner

Eingeweichte Pinienkerne abspülen und abtropfen lassen. Alle Zutaten außer den Flohsamenschalen im Mixer zu einer cremigen Masse verarbeiten. Flohsamenschalen dazugeben und kurz durchmixen, bis das Ganze anfängt, anzudicken. Eine runde Form (10 cm Durchmesser) mit frisch gestoßenen Pfefferkörnern auslegen. Den Käse darauf gießen und 4 Stunden im Kühlschrank fest werden lassen. Vor dem Servieren stürzen.

Süsses Brot:

2 Tassen Kamut-Weizen, 3–5 Tage vorgekeimt
ca. ¼ Tasse Olivenöl
½ Tasse Agavennektar
2 TL Himalaya-Salz

Kamut in der Küchenmaschine zerkleinern und allmählich Olivenöl, Agavennektar und Salz zugeben, bis sich ein Teigkloß bildet. Wenn alles zusammenklebt, ist der Teig fertig.

Den Teig mit einem Nudelholz (gegebenenfalls mit Frischhaltefolie ummanteln, damit der Teig nicht daran hängen bleibt) auf Backpapier ca. ½ cm dick ausrollen. Im Dörrautomaten bei 43 °C 6 Stunden trocknen. Das Brot soll noch weich und biegsam sein, nicht knusprig. Umdrehen und noch 1 Stunde dörren lassen, bis es sich trocken anfühlt. In Dreiecke geschnitten mit dem Käse servieren.

Süße, pikante und gesunde Desserts

Eiscreme

Für diese einfachen Eiscreme-Rezepte aus rohen Zutaten brauchen Sie keine Eismaschine. Einfach mixen, einfrieren und genießen!

— Vanilleeis —

4 Tassen Eiscreme-Grundrezept (S. 136)
3 EL gemahlene Bourbon-Vanille
frische Beeren (Garnitur)

1 TL Himalaya-Salz
Beerenpüree (Garnitur)

Alle Eis-Zutaten im Mixer zu einer cremigen Masse verarbeiten. Sofort 3 Stunden lang ins Eisfach geben. Mit Beerenpüree und frischen Beeren servieren. Ergibt 4 Tassen Vanilleeis.

— Schokolade-Minz-Eis —

4 Tassen Eiscreme-Grundrezept (S. 136)
1 Tasse rohe Kakaobohnensplitter

3 EL Kokosnussöl
1 Tasse frische Minze

Alles außer den Kakaobohnensplittern mixen, bis eine dicke, cremige Masse entsteht. Kakaobohnensplitter einstreuen, kurz umrühren und 3 Stunden lang ins Eisfach geben. Ergibt 4 Tassen Eiscreme.

— Chai-Creme —

4 Tassen Eiscreme-Grundrezept (S. 136)
1 TL Muskat
1 Prise Nelken, gemahlen
1 TL Meersalz

1 EL Zimt
1 TL Ingwerpulver
3 EL Mesquite-Pulver

Alle Zutaten im Mixer gut miteinander vermischen. 3 Stunden lang ins Eisfach geben. Ergibt 4 Tassen Chai-Creme.

Nussriegel

Diese Nussriegel sind hervorragend geeignet, um sie auf Partys und andere Veranstaltungen mitzunehmen. Sie sind einfach herzustellen, man kann sie in jede gewünschte Form schneiden und sie sind immer ein Genuss!

— TOFFEE-RIEGEL —

1 Lage Macadamianuss-Riegel (Grundrezept S. 136)
1 Tasse Schokoladen-Sauce (S. 134)
1 Tasse Zimt-Sauce (S. 134)
1 Tasse Karamell-Sauce (S. 135)

Mit einem Spatel die Schokoladen-Sauce gleichmäßig auf der ungeschnittenen Nussriegel-Lage verteilen. Die beiden anderen Saucen jeweils in eine Flasche mit spitzer Tülle geben und im Zickzackmuster auf der Schokolade verteilen. In die gewünschte Form schneiden und bis zum Servieren kühl stellen. Ergibt 16 Toffee-Riegel.

— ZITRONEN-GRANATAPFEL-RIEGEL —

1 Lage Macadamianuss-Riegel (Grundrezept S. 136)
2 Tassen Fleisch von jungen, frischen Kokosnüssen
1 Tasse frische Granatapfelkerne (*oder* frische Beeren)
2 Tassen Zitronensaft
2 Tassen Agavennektar
4 EL Flohsamenschalen

Zitronensaft, Kokosnussfleisch und Agavennektar in einem leistungsstarken Mixer zu einer cremigen Masse verarbeiten. Flohsamenschalen hinzufügen und ungefähr 30 Sekunden durchmixen, bis das Ganze anfängt, anzudicken. Die Mischung gleichmäßig auf den Nussriegeln verteilen und mit Granatapfelkernen oder Beeren bestreuen. Ergibt 16 Nussriegel.

— ZIMT-FEIGEN-RIEGEL —

1 Lage Macadamianuss-Riegel (Grundrezept S. 136)
4 Tassen frische Feigen, gewürfelt
1 TL Muskat
1 Tasse Agavennektar
1 EL Zimt
1 TL Meersalz

Agavennektar, Zimt, Meersalz und Muskat miteinander verrühren, dann die Masse mit den Feigenwürfeln mischen. Bei 46 °C 4 Stunden im Dörrautomaten trocknen lassen. Einmal kurz durchrühren und gleichmäßig auf den Nussriegeln verteilen. Ergibt 16 Nussriegel.

Pistazien-Kekse

Kekse

Diese Kekse sind wunderbar, um sich schnell etwas zum Knabbern zu schnappen oder auch als Alternative zum Frühstück. Genießen Sie sie mit unserer rohen Eiscreme oder nehmen Sie sie als Proviant auf Ihre nächste Wanderung mit. Die Kekse sind sehr lange haltbar. Allerdings ... wer würde einen köstlichen Rohkost-Keks schon lange herumliegen lassen?

— PISTAZIEN-KEKSE —

4 Tassen Pistazien
2 Tassen Agavennektar
1 EL Mesquite-Pulver
1 EL Zimt
1 TL Muskat
1 TL Ingwerpulver
1 TL Himalaya-Salz

Pistazien in der Küchenmaschine fein zerkleinern. Die übrigen Zutaten im Mixer miteinander verrühren. Die Flüssigkeit zu den Pistazien geben und weiterhacken, bis sich eine Teigkugel bildet. Auf einem Blech ausrollen und 1 Stunde lang kühl stellen. Aus dem Kühlschrank nehmen und die Kekse in die gewünschte Form schneiden. Ergibt 12–16 Stück.

— APFEL-ZIMT-FEIGEN-COOKIES —

2 reife rote süße Äpfel, z.B. Fuji
2 Tassen getrocknete Feigen, 1 Stunde eingeweicht
2 Tassen Pecannüsse, 6 Stunden eingeweicht
1 EL Zimt
1 TL Salz

Äpfel in ca. 3 mm dicke Scheiben schneiden und zur Seite legen. In der Küchenmaschine Pecannüsse, Feigen, Zimt und Salz zerkleinern, bis sich eine Teigkugel bildet. Die Apfelscheiben nebeneinander auf Backpapier legen und auf jede Scheibe eine Kugel von ca. 5 cm Durchmesser legen. Vorsichtig flach drücken. (Tipp: Tauchen Sie Ihre Finger vorher kurz in Wasser, dann bleiben sie nicht kleben.) Bei 46 °C 10 Stunden dörren. Ergibt 12–16 Cookies.

— Schokoladen-Chip-Cookies —

Schokoladen-Chips:
2 Tassen Kakaobohnensplitter
½ Tasse Agavennektar
1 EL gemahlene Bourbon-Vanille *oder* 2 Vanilleschoten

Agavennektar und Vanille mischen. Über die Kakaostückchen gießen und gut durchmischen. Im Dörrautomaten bei 43 °C 2 Stunden trocknen lassen.

Cookies:
4 Tassen Nussmehl aus Mandeln (Grundrezept S. 137)
1½ Tassen Agavennektar
1 TL gemahlene Bourbon-Vanille
2 TL Zimt
1 TL Meersalz

Alle Zutaten für den Teig im Mixer zu einer homogenen Masse verarbeiten. Im Kühlschrank ½ Stunde lang fest werden lassen.

Aus dem gekühlten Teig Kugeln (ca. 5 cm Durchmesser) formen und flach drücken. Schokoladen-Chips darüber streuen und festdrücken. Bei 43 °C 4 Stunden trocknen lassen.

Ergibt 12–16 Kekse.

— Italienische Pinienkern-Biscotti —

Guss:
2 Tassen Pinienkerne, 2–4 Stunden eingeweicht
½ Tasse Agavennektar
2 EL Zimt

Pinienkerne abspülen und abtropfen lassen. Zimt und Agavennektar mischen und über die Pinienkerne gießen.

Biscotti:
4 Tassen Nussmehl aus Paranüssen (Grundrezept S. 137)
½ Tasse kalt gepresstes, hochwertiges Olivenöl
2 Tassen Agavennektar
2 TL Zimt
1 TL Himalaya-Salz
1 Tasse Wasser

In einer Schüssel Nussmehl, Zimt und Salz miteinander mischen. Im Mixer Agavennektar, Wasser und Öl vermengen. Die Flüssigkeit zu dem Mehl gießen und mit den Händen zu einem Teig kneten. Ausrollen und Kreise von ca. 5 cm Durchmesser ausstechen.

Je 1 EL Pinienkern-Guss auf jeden Keks geben und leicht andrücken. Bei 43 °C 8 Stunden trocknen lassen. Ergibt 16 Kekse.

Schokoladen-Trüffel

Allen Schokoladen-Liebhabern bietet roher Kakao eine gesunde Alternative zu Milchschokolade und anderen durch Bearbeitung und Chemikalien stark veränderten Varianten. Roher Kakao ist reich an Magnesium, Calcium und Stimmungsaufhellern, welche die »Liebesempfänger« im Gehirn aktivieren.

Diese Trüffel lassen sich leicht zubereiten und halten im Kühlschrank bis zu 21 Tage. Um ihre gesundheitsfördernde Wirkung noch zu erhöhen, können Sie auch Superfoods wie SuperGreens, Spirulina oder Maca-Wurzel-Pulver hinzufügen.

— Blutorangen-Trüffel —

2 Tassen Schokolade-Grundrezept (S. 137)
½ Tasse Agavennektar
1 TL Himalaya-Salz

½ Tasse Blutorangensaft
1 TL Zimt

Die Schokolade-Basis auf Raumtemperatur bringen. Saft, Agavennektar, Zimt und Salz im Mixer zu einem dicken Sirup verarbeiten. Kleine Tassen zu einem Drittel mit der Schokolade-Grundlage füllen, darauf ein weiteres Drittel Orangensaftmischung. 1 Stunde lang kühl stellen und kühl servieren. Ergibt 16 Trüffel.

— Minze-Kakao-Trüffel —

2 Tassen Schokolade-Grundrezept, gekühlt (S. 137)
1 Tasse Fleisch von einer jungen, frischen Kokosnuss
½ Tasse Flüssigkeit von einer jungen, frischen Kokosnuss
1 TL gemahlene Bourbon-Vanille *oder* 2 Vanilleschoten

2 Tassen frische Minze
1 Tasse Pinienkerne
½ Tasse Agavennektar

Alle Zutaten außer der Schokolade im Mixer zu einer cremigen Masse verarbeiten. In eine weiche Flasche mit spitzer Tülle füllen.

Aus der gekühlten Schokolade-Basis Kugeln von ca. 5 cm Durchmesser bilden. Aus den Kugeln flache Quadrate formen, die Ecken hochziehen und in jedes dieser Schokoladenschälchen etwas von der Füllung geben. 1 Stunde lang kühl stellen.

Ergibt 16 Trüffel.

— Schokolade-Pecannuss-Trüffel —

2 Tassen Schokolade-Grundrezept, gekühlt (S. 137)
2½ Tassen Pecannüsse, grob gemahlen
2 EL Zimt
1 TL Himalaya-Salz

Pecannüsse, Zimt und Salz in der Küchenmaschine fein hacken. Mit einem Eislöffel oder Esslöffel dicke Stücke aus der Schokolade nehmen und mit den Händen Kugeln von etwa 5 cm Durchmesser formen. Die Kugeln in der Nussmischung rollen und 1 Stunde lang kühl stellen. Ergibt 16 Trüffel.

Rohköstliche Kuchen

Diese Kuchen aus gesunden, nahrhaften, rohen Zutaten können Sie zu jeder Tages- und Nachtzeit ohne Schuldgefühle genießen. Sie werden sich an ihrem Geschmack und ihrer Konsistenz erfreuen – und an dem Wissen, dass sie reich an Proteinen, Vitaminen, Mineralien und Superfoods sind.

— Bacio Creme-Kuchen —

Boden:
2 Tassen Haselnüsse
½ Tasse Agavennektar
1 TL Zimt
½ TL Muskat
1 Prise Himalaya-Salz

Zuerst die Haselnüsse in der Küchenmaschine sehr fein hacken. Dann die übrigen Zutaten für den Teig zugeben, zu einer Teigkugel verarbeiten und in eine 24-cm-Springform drücken.

Füllung:
4 Tassen Macadamianüsse, 8 Stunden eingeweicht
3 EL rohes Kakaopulver
5 Tassen Flüssigkeit von jungen, frischen Kokosnüssen
2 Tassen Agavennektar
2 EL gemahlene Bourbon-Vanille *oder* 4 Vanilleschoten
1 TL Himalaya-Salz

In einem leistungsstarken Mixer alle Zutaten für die Füllung außer dem Kakao gut pürieren. Die Hälfte auf den Boden streichen, zur übrigen Hälfte den Kakao geben, nochmals gut durchmischen und auf der Füllung verteilen. Mindestens 6 Stunden lang ins Eisfach geben. In Kuchenstücke geschnitten servieren.

Süße, pikante und gesunde Desserts

— SCHOKOLADENKUCHEN —

4 Tassen Nussmehl aus Mandeln (Grundrezept S. 137)
2 Tassen Schokoladen-Sauce (S. 134)
1 TL Zimt
1 EL gemahlene Bourbon-Vanille *oder* 2 Vanilleschoten
4 EL kalt gepresstes, hochwertiges Olivenöl

Alle Zutaten in der Küchenmaschine zu einer Teigkugel verarbeiten. In eine 24-cm-Springform geben und bei 46 °C 4 Stunden dörren oder 1 Stunde lang ins Eisfach stellen. Mit etwas Schokoladen-Sauce garnieren und gekühlt servieren.

Süße, pikante und gesunde Desserts

— ANANAS-SANDWICH —

1 kleine bis mittelgroße Ananas
1 große Hass Avocado
2 Kiwis

8 große Erdbeeren
1 Banane
1 Tasse Vanille-Sauce (S. 135)

Früchte in Scheiben schneiden: Ananas ca. 1 cm dick, Kiwis und Erdbeeren ½ cm, Avocado und Banane in etwas dickere Scheiben. Vanille-Sauce mit Erdbeeren, Avocado und Banane gut durchmischen. In eine mittelgroße Schüssel zuunterst eine Scheibe Ananas legen, darauf eine Lage Kiwis und ¼ der Erdbeer-Avocado-Bananen-Fruchtmischung. Das Gleiche noch einmal wiederholen und mit einer Scheibe Ananas abschließen.

Pies

Pies bieten einen besonders einfachen Weg, um jemanden in die vitale Rohkostküche einzuführen. Sie können einen Pie am Wochenende zubereiten und ihn im Lauf der Woche genießen – obwohl er so lecker ist, dass er schon bald verschwunden sein könnte ... Ich, Jenny, esse Pies am liebsten zum Frühstück und zwischendurch, weil sie so viel Protein enthalten. Für alle Pie-Rezepte dieses Buches brauchen Sie einen Pecannuss-Boden – außer für den Bananen-Mandel-Pie und den Apfel-Pie.

— PECAN-PIE-KUCHENBODEN —

2 Tassen Pecannüsse, eingeweicht und gehackt
½ TL gemahlene Bourbon-Vanille *oder* 1 Vanilleschote
½ TL Meersalz

1 Tasse Agavennektar
½ TL Zimt

Alle Zutaten in der Küchenmaschine hacken, bis eine Teigkugel entsteht. Der Teig kann tiefgekühlt oder in einer Pie-Form (20 cm Durchmesser) getrocknet aufbewahrt werden. Trocknen Sie ihn bei 46 °C 12 Stunden lang, um gute Ergebnisse zu erzielen, oder stellen Sie den Boden 1 Stunde lang ins Gefrierfach, bevor Sie ihn füllen.
Ergibt 1 Pie-Boden.

— BIRNEN-PIE —

Die verführerischen rotgoldenen Schattierungen vollreifer Birnen waren die Inspiration für dieses herrliche Rezept. Eine aromatische Mischung aus frischen Früchten, Zimt, Bourbon-Vanille (und Liebe!) machen diesen Pie zu einer Leckerei, die man zu jeder Tageszeit genießen kann: mit Freunden, mit der Familie – oder Sie gönnen sich den ganzen Pie selbst.

BELAG:
4 reife Birnen, gewürfelt
4 TL Vanille-Sauce (S. 135)
1 TL gemahlene Bourbon-Vanille *oder* 2 Vanilleschoten
1 TL Zimt
1 TL Muskat

BODEN:
Pecan-Pie-Kuchenboden (S. 161)

Alle Zutaten für den Belag – außer der Vanille-Sauce – in der Küchenmaschine hacken, bis eine dicke, grob zerkleinerte Masse entsteht. In einer großen Schüssel mit der Vanille-Sauce mischen und auf den Kuchenboden in der Pie-Form geben. 1 Stunde lang kühl stellen oder 2 Stunden im Dörrautomaten bei 43°C fest werden lassen.

— BEEREN-PIE —

Beeren sind reich an Antioxidantien und voller Geschmack. Sie können dieses Rezept gut mit Erdbeeren oder Brombeeren zubereiten, aber auch mit allen möglichen anderen Beeren, die es gerade bei Ihnen auf dem Markt gibt. Beeren sind gut fürs Herz und fürs allgemeine Wohlbefinden – also halten Sie sich nicht zurück!

BODEN:
Pecan-Pie-Kuchenboden (S. 161)

BELAG:
4 Tassen frische gemischte Beeren
1 Tasse Himbeeren
1 Tasse Agavennektar
1 TL Flohsamenschalen
1 TL Meersalz

Garnitur:
Schokoladen- oder Vanille-Sauce (S. 134/135)

Himbeeren im Mixer pürieren. Agavennektar, Meersalz und Flohsamenschalen dazugeben und mixen, bis die Masse anfängt, anzudicken. Beeren gegebenenfalls klein schneiden und mit dem Himbeerpüree mischen. Auf den Pie-Boden geben und 1 Stunde lang kühl stellen. Nach Geschmack mit Vanille- und Schokoladen-Sauce garniert servieren. Hält im Kühlschrank bis zu 3 Tage.

— Apfel-Pie —

»Apple Pie« ist ein klassisches amerikanisches Dessert. Viele Gäste des »118 Grad« halten unseren Apple Pie für einen der besten überhaupt. Warm und frisch aus dem Dörrautomaten schmeckt er einfach köstlich! Genießen Sie ihn zum Frühstück oder machen Sie gleich etwas mehr und gönnen Sie Ihrer hungrigen Familien- oder Freundesschar etwas Gutes!

Boden:
2 Tassen Walnüsse, 4 Stunden eingeweicht
1 Tasse Agavennektar
½ EL Zimt
½ TL Meersalz

Die eingeweichten Nüsse abspülen und abtropfen lassen. Alle Zutaten in der Küchemaschine zerkleinern, bis sich ein Teig bildet. Auf Backpapier oder in einer 20-cm-Pie-Form ca. ½ cm dick ausbreiten und bei 43 °C 2 Stunden trocknen lassen.

Füllung:
4 Äpfel, in dünne Scheiben geschnitten
1 Tasse Agavennektar
1 EL Zimt

In einer großen Rührschüssel alle Zutaten gut durchmischen. Im Dörrautomaten bei 43 °C 2 Stunden trocknen lassen.

Garnitur:
Karamell- *oder* Vanille-Sauce (S. 135)

Boden und Füllung aus dem Dörrautomaten nehmen. Die Apfelmischung in die Pie-Form füllen oder ca. 2,5 cm dick auf dem flachen Pie-Boden ausstreichen. Nach Geschmack mit 3 EL Karamell- oder Vanille-Sauce garnieren.

— Kürbis-Pie —

Auf diese Weise zubereitet, wird sich der Klassiker des amerikanischen Thanksgiving nicht auf Ihren Hüften bemerkbar machen! Genießen Sie diesen Kürbis-Pie den ganzen Winter über – auch besonders wenn Sie zu einer Einladung oder einer Party etwas mitbringen sollen: Man wird Ihnen versichern, noch nie einen so frisch schmeckenden Kürbis-Pie gegessen zu haben.

Boden:
Pecan-Pie-Kuchenboden (S. 161)

Garnitur:
Karamell- oder Vanille-Sauce (S. 135)

Belag:
4 Tassen Kürbis, gehackt
1 EL Lebkuchengewürz
3 EL Flohsamenschalen
1 EL gemahlene Bourbon-Vanille *oder* 2 Vanilleschoten
1 TL Zimt
1 TL Meersalz
4 EL kalt gepresstes, hochwertiges Olivenöl

Alle Zutaten außer den Flohsamenschalen im Mixer zu einer cremigen Masse verarbeiten. Flohsamenschalen dazugeben und kurz mixen, bis es anfängt, dick zu werden. Die Füllung auf den Boden in der Pie-Form geben und 4 Stunden lang im Gefrierfach fest werden lassen. In Stücke schneiden und mit Karamell- oder Vanille-Sauce garniert servieren. Hält im Kühlschrank bis zu 3 Tage.

— Bananen-Mandel-Pie —

Dieser nahrhafte, cremige, gefrorene Pie ist zu jeder Tageszeit willkommen und eine köstliche Art, überreife Bananen zu verwenden. Er ist leicht und schnell zubereitet und hält sich im Gefrierfach bis zu 10 Tage lang.

4 mittelgroße Bananen, geschnitten
1 Tasse Agavennektar
1 TL Lebkuchengewürz
1 TL Himalaya-Salz
450 g Mandelmus
1 EL Zimt
1 TL gemahlene Bourbon-Vanille
evtl. ½ Tasse gehackte Mandeln

In einem leistungsstarken Mixer alle Zutaten außer den gehackten Mandeln gut pürieren. In eine 24-cm-Springform geben, nach Wunsch mit gehackten Mandeln bestreuen und im Gefrierfach 4 Stunden lang fest werden lassen. Ergibt 10 Portionen.

Nachwort

Ob Sie nun Ihre Ernährung einfach um ein paar Rohkost-Gerichte bereichern oder ob Sie sich entscheiden, ganz auf Rohkost umzusteigen: So oder so werden Sie die wohltuende Wirkung dieser gesunden Ernährungsweise spüren. Rohes Gemüse, Früchte, Nüsse und Körner schenken Ihnen mehr Energie, Vitalität, Gesundheit, Schönheit und Intuition sowie andere positive Erfahrungen.

Vielleicht fühlen Sie sich angeregt, selbst einen Obst-, Kräuter- und/oder Gemüsegarten anzulegen. Ein Garten kann Sie mit den frischesten Produkten versorgen. Hier sind Sie mit Mutter Natur aufs Innigste verbunden. Wir haben die Erfahrung gemacht, dass unsere Gelüste auf ungesunde Nahrungsmittel sehr zurückgehen, wenn wir bei der Zubereitung von roher, vitaler Nahrung ständig mit frischen Früchten und Gemüsesorten umgehen.

Wir hoffen, dass Ihnen die Rezepte in diesem Buch ein gutes Sprungbrett bieten, um Ihre eigenen Kreationen zu entwickeln – sei es im Hinblick auf Ihre Ernährung oder in anderen Lebensbereichen. Wir möchten Sie ermutigen, mit dem ganzen Regenbogen an Geschmacksnuancen und Aromen der Rohkostwelt zu experimentieren – genauso wie mit jedem anderen Traum und Wunsch, den Sie in sich tragen!

Literatur und Quellen

Agren, J. J.; Törmälä, M. L.; Nenonen, M. T.; Hänninen, O. O.: »Fatty acid composition of erythrocyte, platelet, and serum lipids in strict vegans.« *Lipids,* April 1995; Bd. 30, S. 365–369.

Agren, J. J.; Tvrzicka, E.; Nenonen, M. T.; Helve, T.; Hänninen, O.: »Divergent changes in serum sterols during a strict uncooked vegan diet in patients with rheumatoid arthritis.« *British Journal of Nutrition,* Februar 2001; Bd. 85, S. 137–139.

Boutenko, V.: *Green for Life.* Ashland, OR: Raw Family Publishing, 2005.

Campbell, T. C. und Campbell, T. M.: *The China Study: The Most Comprehensive Study of Nutrition Ever Conducted and the Startling Implications for Diet, Weight Loss and Long-Term Health.* Dallas, TX: BenBella Books, Inc., 2006.

Cousens, G.: *Rainbow Green Live-Food Cuisine.* Berkeley, CA: North Atlantic Books, 2003.

Donaldson, M. S.: »Metabolic vitamin B12 status on a mostly raw vegan diet with follow-up using tablets, nutritional yeast, or probiotic supplements.« *Annals of Nutrition and Metabolism,* 2000; Bd. 44, S. 229–234.

Donaldson, M. S.; Speight, N.; Loomis, S.: »Fibromyalgia syndrome improved using a mostly raw vegetarian diet: an observational study.« *BMC Complementary and Alternative Medicine,* 2001; Bd. 1, S. 7.

Douglass, J. M.; Rasgon, I. M.; Fleiss, P. M.; Schmidt, R. D.; Peters, S. N.; Abelmann, E. A.: »Effects of a raw food diet on hypertension and obesity.« *Southern Medical Journal,* Juli 1985; Bd. 78, S. 841–844.

Ganss, C.; Schlechtriemen, M.; Klimonek, J.: »Dental erosions in subjects living on a raw food diet.« *Caries Research,* 1999; Bd. 33, S. 74–80.

Hänninen, O.; Kaartinen, K.; Rauma, A.; Nenonen, M.; Törrönen, R.; Häkkinen, S.; Adlercreutz, H.; Laakso , J.: »Antioxidants in vegan diet and rheumatic disorders.« *Toxicology,* 30. November 2000; Bd. 155, S. 45–53.

Hänninen, O.; Nenonen, M.; Ling, W. H.; Li, D. S.; Sihvonen, L.: »Effects of eating an uncooked vegetable diet for 1 week.« *Appetite,* Dezember 1992; Bd. 19, S. 243–254.

Hänninen, O.; Rauma, A. L.; Kaartinen, K.; Nenonen, M.: »Vegan diet in physiological health promotion.«
Acta Physiologica Hungarica, 1999; Bd. 86, S. 171–180.

Kaartinen, K.; Lammi, K.; Hypen, M.; Nenonen, M.; Hänninen, O.; Rauma, A. L.: »Vegan diet alleviates fibromyalgia symptoms.« *Scandinavian Journal of Rheumatology,* 2000; Bd. 29, S. 308–313.

Koebnick, C.; Strassner, C.; Hoffmann, I.; Leitzmann, C.: »Consequences of a long-term raw food diet on body weight and menstruation: results of a questionnaire survey.« *Annals of Nutrition and Metabolism,* 1999; Bd. 43, S. 69–79.

Nenonen, M. T.; Helve, T. A.; Rauma, A. L.; Hänninen, O. O.: »Uncooked, lactobacilli-rich, vegan food and rheumatoid arthritis.« British Journal of Rheumatology, März 1998; Bd. 37, S. 274–281.

Patenaude, F.: The Raw Secrets: The Raw Food Diet in the Real World. Montreal: FredericPatenaude.com, 2006.

Peltonen, R.; Ling, W. H.; Hänninen, O.; Eerola, E.: »An uncooked vegan diet shifts the profile of human fecal microflora: computerized analysis of direct stool sample gas-liquid chromatography profiles of bacterial cellular fatty acids.« Applied and Environmental Microbiology, November 1992; Bd. 58, S. 3660–3666.

Peltonen, R.; Nenonen, M.; Helve, T.; Hänninen, O.; Toivanen, P.; Eerola, E.: »Faecal microbial flora and disease activity in rheumatoid arthritis during a vegan diet.« British Journal of Rheumatology, Januar 1997; Bd. 36, S. 64–68.

Rauma A. L.; Nenonen, M.; Helve, T.; Hänninen, O.: »Effect of a strict vegan diet on energy and nutrient intakes by Finnish rheumatoid patients.« European Journal of Clinical Nutrition, Oktober 1993; Bd. 47, S. 747–749.

Rauma, A. L.; Törrönen, R.; Hänninen, O.; Mykkänen, H.: »Vitamin B-12 status of long-term adherents of a strict uncooked vegan diet (›living food diet‹) is compromised.« The Journal of Nutrition, Oktober 1995; Bd. 125, S. 2511–2515.

Rauma, A. L.; Törrönen, R.; Hänninen, O.; Verhagen, H.; Mykkänen, H.: »Antioxidant status in long-term adherents to a strict uncooked vegan diet.« American Journal of Clinical Nutrition, Dezember 1995; Bd. 62, S. 1221–1227.

»118 Grad«, das erste Rohkost-Restaurant von Orange County, Kalifornien

Über die Autorinnen

Die Metaphysikerin **Doreen Virtue** arbeitete früher als Psychotherapeutin mit Schwerpunkt Essstörungen. Sie hat bereits vier Bücher über Ernährung verfasst: *The Yo-Yo Diet Syndrome, Losing Your Pounds of Pain, Constant Craving* und *Eating in the Light*. Sie war bei *Oprah*, CNN, *The View* und anderen Fernsehshows zu Gast.

Doreen lebte bereits seit 1996 vegan und nahm 80 bis 90 Prozent Rohkost zu sich. Als sie 1999 kurz vor einem Seminar in Juliano's Organica Café in San Francisco eine reine Rohkost Mahlzeit serviert bekam, bemerkte sie während des Seminars, dass sie viel mehr Energie als sonst hatte und dass auch ihre medialen Fähigkeiten stärker waren. Sie schob es auf die rohe Nahrung. Bei ihren regelmäßigen Besuchen in San Francisco aß sie immer wieder im Organica, bis sie von 2007 bis 2008 ein Jahr lang vollständig von Rohkost lebte. Heute besteht ihre vegane Ernährung zum größten Teil aus roher, vitaler Nahrung.

Website: **www.AngelTherapy.com**

Jenny Ross ist eine Rohkost-Köchin und CEO von Creative Blend, einem Unternehmen, das für Naturkostläden in Kalifornien Rohkost-Mahlzeiten produziert. Sie ist die Schöpferin des »118 Grad«, des ersten Rohkost-Restaurants von Orange County, das zuverlässig von Scharen glücklicher Gäste aus allen Kulturen und Gesellschaftsschichten besucht wird. Jenny war früher Modell und entdeckte die Rohkost 1999 auf ihrer persönlichen Suche nach einem gesunden Leben. Sie lernte bei Rohkost-Köchen in aller Welt und erfüllte sich dann ihren Wunsch, gesundes Essen mit anderen zu teilen, indem sie seit 2000 professionell vitale Mahlzeiten kreiert.

Jenny hält regelmäßig Vorträge, gibt Interviews und bietet »Koch«-Kurse über Rohkost an. Sie ist in verschiedenen Fernsehprogrammen aufgetreten und wurde vom OC Metro 2008 als eine der 25 einflussreichsten Unternehmer/-innen und vom *Riviera Magazine* 2007 als »Sexiest Chef« von Orange County gekürt.

Website: **www.shop118degrees.com**